Bibliografische Information der Deutschen Bibliothek:
Die Deutsche Nationalbibliothek verzeichnet diese Publikation
in der Deutschen Nationalbibliografie;
detaillierte bibliografische Daten sind im Internet
über dnb.d-nb.de abrufbar.

1. Auflage 2013

Umschlaggestaltung: Birgit Kempke (www.birgit-kempke.de)
unter Verwendung eines Fotos von Katrin Schumann
Layout: Birgit Kempke (www.birgit-kempke.de)
Fotos: Katrin Schumann
Lektorat: Michael Kanthak
Herstellung: Patricia Knorr-Triebe
Printed in Germany

Postfach 12 03 47 · D-93025 Regensburg
Tel. +49 (0)9404 / 96 14 84 · Fax. +49 (0)9404 / 96 14 85
e-Mail: info@best-off-verlag.de · Homepage: www.bestoffverlag.de

ISBN 978-3-942427-85-2

Wenn Pflanzen reden

Heilkräfte und Geschichten aus der Welt der Pflanzen

Katrin Schumann

für mich

Inhalt

Was ist das Schwerste von allem?

Was dir das Leichteste dünket:

Mit den Augen zu sehen,

was vor den Augen dir liegt.

Johann Wolfgang von Goethe

Das Einhorn und der Drache

In einem fernen alten Land, welches die Menschen einst Lemurien nannten, lebten alle glücklich und zufrieden. Es war ein Land, in dem die Pflanzen reden konnten und die Menschen zuhörten. Ebenso war es mit den Tieren. In diesem Land lebte am Meer ein kleines Mädchen, Alia, welches besonders gut mit den Delphinen sprechen konnte. Von ihnen lernte es, Träume zu weben, und so wurde Alia zu der größten Traumweberin aller Zeiten. Und sie wusste: Wenn die Menschen an ihre Träume glauben, dann gehen sie in Erfüllung, dann werden sie Wirklichkeit. Doch Alia sah auch, dass ihr Land nicht immer so friedlich existieren würde, dass die Menschen es zerstören würden. Und deshalb webte sie ihr ganzes Leben lang, immer, wenn sie Zeit dafür fand, an ihrem großen Traum: In einer fernen Zeit würde die Erde wieder zu dem Paradies werden, welches sie einmal gewesen war. Dann würden all die wunderbaren Wesen, die sie jetzt umgaben, die Elfen und Feen, die Drachen und Einhörner, ja, auch die Delphine und Wale wieder zurückkommen können, dann würden die Pflanzen und Tiere wieder sprechen können und die Menschen würden endlich glücklich sein. Darum steht in den alten Prophezeiungen Lemuriens: *Wenn der weiße Drache und das weiße Einhorn aufeinandertreffen, die Liebe zwischen sich zulassen und diese Kombination von reiner bedingungsloser Liebe mit der Kraft, Stärke und Anmut als Symbol für eine neue Welt zusammen wirken lassen würden, ist es so weit: … Ein Drache und ein Einhorn, gemeinsam durch die Dimensionen wandernd. Beide Krieger des Lichts. Bedingungslose Liebe in Kombination mit Stärke, Kraft, Weisheit und Anmut. Die Liebe zwischen den beiden ist das Symbol für die neue Zeit. Sie öffnet Tore … Diese Kraft können nur Liebende ent-* wickeln, *denn Tore lassen sich nicht ohne weiteres öffnen, sondern nur unter bestimmten Bedingungen. Doch beide nahmen ihre Aufgabe an und ließen diese ungewöhnliche Liebe zu. Dann geschehen Wunder.* *

Am Fuße eines großen, alten Berges lag ein kleiner Hof. Dort sei die Zeit stehengeblieben, sagten die Menschen. Und vielleicht war das auch so, denn hier gab es noch eines der letzten Einhörner unserer Zeit. Dieser Platz, auf dem es lebte, war etwas ganz Besonderes. Ein Tor in eine andere Welt, ein Stück von einer längst vergangenen Zeit. Einer friedlicheren Zeit auf Erden: ein Stück vom Paradies. Vielleicht ein Teil des alten keltischen Paradieses Avalon, des Apfellandes. Ein Ort, an dem Mensch und Tier, die Baumwesen und die Naturgeister noch in friedlicher Eintracht miteinander lebten und miteinander sprechen konnten. Dort wo Mutter Erde noch ihren angestammten Platz hatte, von den Menschen geachtet und geliebt. Geht man mit offenem Herzen über das Land, dann spürt man noch etwas von diesem alten Zauber, dann erkennt man die alten, knorrigen Apfelbäume, die überall verstreut stehen und wie ein Überbleibsel aus längst vergangenen Tagen wirken. Große, alte Baumseelen, die viele Geschichten zu erzählen haben. Auch die mächtigen Eichen und die alten Tannen am Ende des Hofes sprechen von dieser einstigen Pracht. Doch all dies wusste das Einhorn nicht mehr, kannte es nicht mehr. Es wusste um die Schönheit seines Hofes, seines Landes, doch es erkannte seine Aufgabe nicht. Denn die findet man nur mit dem Herzen, die erkennt man nicht mit den Augen. Und sein Herz, dass hatte das Einhorn schon vor langer Zeit

---

* *Ayach: Die Erbauer des Goldenen Zeitalters*

verschlossen. Doch daran erinnerte es sich auch nicht mehr. So suchte das Einhorn nach seiner Aufgabe. Es suchte und suchte, aber es fand nichts. Und das machte es traurig, sehr traurig.

Die Menschen liebten das Einhorn, doch sie konnten es oft nicht verstehen, es lebte in einer anderen Welt. So war das Einhorn trotz der es umgebenden Schönheit oft einsam und traurig, weil es nicht verstand, was es hier sollte, warum alles so war. Dabei hatte es nur vergessen, wer es war, dass es einst mit Gott ausgemacht hatte, dass es an diesem Platz bleiben würde und ihn schützen würde, bis die Menschen ihn wieder achten und lieben würden. Und dass es den Menschen dieses Land, dieses Paradies wieder zeigen würde, wenn die Zeit dafür reif wäre. Das alles hatte das Einhorn vergessen, denn solche Abmachungen mit Gott befinden sich im Herzen, nicht im Kopf. Sein Herz aber, wie gesagt, das hatte das Einhorn vor langer Zeit verschlossen, gut verriegelt, denn es hätte sonst den Schmerz, das Leid, welches die Menschen aus Unwissenheit und Hass über sein Land gebracht hatten, nicht ertragen. Seinen Brüdern und Schwestern wurde es zu viel und sie hatten das Land schon vor langer Zeit verlassen. Das Einhorn aber hatte versprochen, zu bleiben, hatte versprochen, der Erde zu helfen, sie nicht alleine zu lassen. Es hatte eine große Aufgabe, die musste es finden, die musste es spüren. Das Einhorn musste sie fühlen, das war wichtig, dass war ein Teil seiner Aufgabe, denn fühlen kann man nur mit dem Herzen. Nur so konnte es sein Herz wiederfinden, und alle Antworten auf seine Fragen. Dabei konnte ihm niemand helfen, das konnte ihm niemand sagen. Auch das war Teil seiner Aufgabe. Das wusste es und doch konnte das Einhorn es nicht spüren, konnte den Schlüssel nicht finden, der ihm geholfen hätte, sein Herz wieder aufzuschließen, die Türen in seinem Herzen wieder zu öffnen. Damit es das tun konnte, was seine Aufgabe war: Das Land wieder zum Leben zu erwecken, es wieder zum Blühen zu bringen, die alte Pracht wieder

auferstehen zu lassen. Der Schlüssel zu seinem Herzen lag unter seiner Angst versteckt, dass all der Schmerz, all die Erinnerungen an das Leid, welche es so sorgsam verpackt hatte, es überrollen würde, es unter sich begraben würde. Und so verging Tag um Tag. Das Einhorn zermarterte sich den Kopf, wurde immer trauriger, weil es seine Aufgabe nicht finden konnte, sich selbst nicht spüren konnte, sein Herz nicht finden konnte, welches unter der Angst begraben lag.

Von Norden her, schützte der Wald den Hof des Einhorns, und am Waldrand floss ein kleiner Bach den Berg hinab. Dieser Bach war auch die Grenze zu seinem Land und zog sich bis in die Wiesen unten im Tal. Auf der anderen Seite des Baches, genau auf der Höhe des Hofes, standen im Wald unzählige Linden. Alte, oft mehrstämmige Baumgestalten gab es dort. Unter dem Wald lag eine wunderschöne kleine Wiese, die man kaum fand, da die Erlen des Baches und der angrenzende Wald sie sehr gut versteckten. Nur nach Südosten hin, zum Tal, öffnete sich die Wiese dem Licht, der Sonne. Es kamen nur wenige Menschen hier vorüber, und kaum einer erinnerte sich daran, dass man diese Wiese früher einmal die Drachenwiese genannt hatte. Keiner wusste mehr, woher dieser Name kam: Weil in den Felshöhlen unter den Linden immer Drachen gehaust hatten. Das war jedoch vor langer Zeit gewesen. Jetzt lebte dort nur noch ein einzelner Drache, eine Drachenfrau. Drachen sind Einzelgänger, kraftvoll und mutig und doch auch sanft und feinfühlig. Wenn sie allerdings jemand ärgert oder ihnen zu nahe kommt, können sie auch schon einmal kratzbürstig und wütend werden. Es sind eben Drachen, schön und weise auf ihre Art. Jedoch haben sie wenig gemein mit den Gruselgeschichten längst vergangener Tage. Die Drachenfrau lebte dort, in ihrem Waldstück, schon sehr lange zufrieden und glücklich. Sie war nicht einsam, sie hatte die Tiere und die Pflanzen, die Bäume des Waldes, ihre Freunde seit alters her. Wenn sie abends am Feuer vor ihrer Höhle saß, dann schrieb

Das Einhorn und der Drache

sie oft die Geschichten der Pflanzen und Tiere auf, denen sie am Tage gelauscht hatte. Oft lag sie auch stundenlang im Gras und hörte dem Summen der Bienen zu und machte sich Gedanken über das Leben und die Menschen. An anderen Tagen kamen Freunde zu Besuch, und sie konnten stundenlang über längst vergangene Zeiten reden. Ihr wurde es nie langweilig, sie hatte immer etwas zu tun. Hier war ihr Platz, hier war sie zuhause, das wusste sie.

Im Frühjahr leuchteten die Buschwindröschen und die Schlüsselblumen auf ihrer Wiese. Im Wald zeigte sich das Lungenkraut und der alte weise Herr, das Salomonssiegel. Wo gab es das sonst noch auf dieser Erde, wo hatten die Menschen sonst noch etwas von dieser einstigen Schönheit übrig gelassen. Das Salomons-

siegel, der alte, kostbare Schlüssel, mit dem der weise König Salomo sein Herz verschlossen hatte, als seine große und einzige Liebe, die Königin von Saba ihn und sein Land verließ, weil sie sich um ihr eigenes Volk kümmern musste. Wie hätte er den Schmerz ertragen sollen, wenn ihm die Pflanze nicht geholfen hätte? Doch die eigentliche Botschaft des Salomonssiegels ist eine andere. Was es den Menschen mit auf den Weg gibt, ist Folgendes: Der Schlüssel zur Weisheit ist die Liebe. Denn ohne die Liebe verschwindet die Weisheit, ohne die Liebe finden wir unser Herz nicht, finden wir die wahre Weisheit nicht, die in unserem Herzen ruht.

Im Herbst blüht in riesigen Wolken das Mädesüß auf der Wiese, die alte Drachenpflanze, die alte Pflanze der Kräuterfrauen. Sie versüßt das Leben und ist eines der

Das Einhorn und der Drache

besten Schmerzmittel. All diese Dinge kannte die Drachenfrau, denn die Pflanzen hatten es ihr erzählt. Und in früheren Zeiten, als die Menschen sich noch erinnerten, hatte sie ihnen mit ihren Kräutern oft geholfen, hatte sie mit Hilfe der Pflanzen die Krankheiten der Menschen geheilt. Doch wie gesagt, das war schon lange her, die Menschen konnten sich nicht mehr daran erinnern, und sehen konnten sie sie auch nicht mehr. Manchmal kamen welche vorbei und bewunderten ihren Garten, der ganz versteckt am Ende der Wiese lag. Sie staunten über die Blütenpracht und fragten sich, wie so etwas hier herkommen könnte. Doch wenn sie wieder zuhause waren, hatten sie alles längst wieder vergessen. Höchstens in ihren Herzen blieb eine Ahnung, eine kleine Sehnsucht nach einer längst vergangenen, friedlicheren Welt.

An einem dieser Tage, am Ende des Sommers, lag die Drachenfrau wieder einmal im Gras und ließ sich die letzten Strahlen der Sonne auf ihren Bauch scheinen. Da entdeckte sie unten am Bach ein Einhorn. Sie setzte sich erstaunt auf und konnte es kaum fassen. So etwas hatte sie schon seit ewigen Zeiten nicht mehr gesehen. Sie hatte geglaubt, es gebe sie schon gar nicht mehr, sie seien alle schon längst verschwunden. Jetzt hob das Einhorn den Kopf, hörte auf, aus dem Bach zu trinken. Sie konnte trotz der Entfernung erkennen, dass es ein Prachtbursche seiner Gattung war. Wunderschön und kraftvoll stand es dort unten am Bach, aber es wirkte auch sehr traurig. Sie konnte ihren Blick gar nicht von dieser Erscheinung losreißen, und plötzlich hatte auch das Einhorn den Drachen entdeckt. Obwohl sie weit voneinander entfernt waren, trafen sich ihre Augen und verschmolzen für einen kleinen Augenblick miteinander. Der Drachenfrau kam es so vor, als würde sie in einem Buch lesen. Sie erkannte die alte, weise Seele, die in dem Einhorn steckte, und sie sah auch dessen große Aufgabe. Was sie aber am meisten erschreckte und beunruhigte, gleichzeitig aber auch mit einer unbändigen Freude

erfüllte, war die Tatsache, dass sie diese Seele schon lange kannte. Sie kannte diese Seele wie keine andere und unzählige Geschichten drängten sich in ihre Erinnerung. Plötzlich wusste sie, warum sie all die Jahre allein auf dieser Wiese geblieben war, obwohl alle anderen Drachen fortgezogen waren. Worauf sie ihr Leben lang gewartet hatte, auch wenn ihr das bis jetzt nicht bewusst gewesen war. Für einen kurzen Moment sah es so aus, als würde auch das Einhorn sie erkennen, als würde es den Weg zu seinem Herzen finden. Könnte es die alte Verbindung, die Liebe spüren, die sie schon seit Anbeginn der Zeit miteinander verband? Die sie viele Wege gemeinsam hatten gehen lassen und die sie auch jetzt wieder zusammengeführt hatte? Sie sah es an seinen Augen, die für einen Moment heller strahlten als jeder Stern. Doch dann gewannen Angst und Schmerz die Oberhand, und das Einhorn blickte wie immer traurig und einsam. Die Drachenfrau erhob sich, sie musste zu ihm, sie konnte nicht anders, obwohl die andere Seite in ihr am liebsten weggelaufen wäre, sich in ihrer Höhle verkrochen hätte. Sie fingen ein Gespräch an. Saßen stundenlang am Bach, und das Einhorn erzählte von all seinem Kummer. Sie wurden Freunde und verbrachten viel Zeit miteinander. Oft lachten sie über sich, wie man so lange nebeneinander wohnen kann und sich doch nicht sieht. Doch wenn Gott seine Hand im Spiel hat und die Dinge führt, dann geht das Leben oft seltsame Wege, dann geschehen Wunder.

Das Land, die Natur um den alten Berges blühte unter ihren Händen auf, und auch die Menschen in ihrer Umgebung ließen sich von ihrem Zauber anstecken. Und doch gab es Tage, da lag die Drachenfrau alleine vor ihrer Höhle und weinte. Weinte um ihre Liebe, um ihren Freund, der es trotz allem nicht sah, der sich nicht finden konnte. Sie spürte die Angst, dass er es vielleicht nie erkennen würde. Auch nagten die Zweifel an ihr. Ein Einhorn und ein Drache, wo gab es denn so etwas? Doch sie liebte ihn, liebte ihn von ganzem Herzen. Konnte

nichts anderes tun als ihn lieben, das war ihre Aufgabe. Denn helfen konnte sie ihm nicht, durfte es nicht. Er musste den Schlüssel zu seinem Herzen selbst finden, die Mauer, die er um sein Herz gebaut hatte, selbst zum Einsturz bringen. Das war Teil seiner Aufgabe. Er musste sich selbst wieder spüren, die Liebe fühlen und erkennen, dass die Liebe der Schlüssel ist, zu seinem Herzen und zu seiner Weisheit. Dass die Liebe ihn zu seiner Aufgabe führt, die Liebe in seinem Herzen. Die ihn letztendlich auch mit seinem Ursprung, mit seiner göttlichen Führung, mit Gott verbindet.

Und so war es die Aufgabe der Drachenfrau, zu erkennen, dass sie nichts anderes tun musste, als ihn zu lieben. Denn diese Liebe, die Liebe der Drachenfrau, war es letztendlich, die sein Herz öffnete. Durch diese Liebe erkannte er seinen Weg und sah, was sie schon zu Anfang in seinen Augen gesehen hatte: dass sie einen gemeinsamen Weg und eine gemeinsame Aufgabe hatten, ein Einhorn und ein Drache. So wie es schon vor langer Zeit geschrieben worden war.

Und so ergab es sich, dass die Drachenfrau wieder einmal auf ihrer Wiese lag und die Sonne genoss. Da spürte sie plötzlich, wie ein Ruck durch die Erde ging, als würde auf der anderen Seite des Baches der Hof zusammenstürzen. Doch dieser stand dort wie eh und je. Da sah sie ihn kommen. In wildem Galopp preschte er durch den Wald. Kurz vor ihr kam er auf der Wiese zum Stehen. Die Grasbüschel flogen durch die Luft. Doch das schien ihn alles nicht zu stören, das alles nahm er nicht wahr. Wieder sah sie es an seinen Augen, an seinem strahlenden Gesicht: Die Mauer war eingestürzt! Er hatte sein Herz befreit! Das hatte sie gehört und gefühlt, den Zusammenbruch der Mauer. Ihr Herz begann zu jubeln. Ihre Augen strahlten und voller Freude erhob sie sich in die Luft und drehte ein paar Runden über der Wiese. Das hatte sie schon lange nicht mehr gemacht. Sie konnte sich kaum mehr daran erinnern, wie es war, zu fliegen. Doch sie konnte es noch, und es war wunderschön: Ihre Freude war unbeschreiblich. Und zu ihrer Überraschung erhob sich auch das Einhorn in die Luft und zusammen tanzten sie über der Wiese und seinem Land. Er konnte wieder fliegen!

Jetzt konnten sich durch diese Verbindung, durch diese Liebe, auch wieder die Tore zu längst vergangenen Reichen öffnen. Das alte Apfelland erstrahlte in seiner vollen Pracht. Die Welt wurde wieder offen für Elfen und Feen, Naturgeister und Drachen, Einhörner und Zwerge. Auf der anderen Seite seines Landes lag dieses Tor schon sehr lange, versteckt hinter einer großen alten Tanne. Es wurde gehütet von einigen, teilweise mehrstämmigen Linden. Dahinter befanden sich seit eh und je die Feenwiese und der Zauberwald. Eingänge zu längst vergangenen Zeiten. Was war das für eine Freude, als die beiden dieses Tor wieder öffneten und ihre alten Freunde willkommen hießen! Das Feiern auf dem Hof nahm kein Ende. So erfüllten sich die alten Prophezeiungen, so wurde aus den Träumen der größten Traumweberin Lemuriens Wirklichkeit.

Kommt man heute auf den Hof, dann spürt man überall diese Freude und Leichtigkeit, den Frieden und die Fülle. Dann strahlt einem alles entgegen. Wenn man allerdings vor lauter Bewunderung nicht aufpasst, dann kann es durchaus sein, dass einen ein kleines Einhorn über den Haufen rennt, auf dessen Rücken ein kleiner roter Drache reitet. Man schaut ihnen verwundert nach und fragt sich im Stillen: Was war denn das? Doch wenn man weitergeht, trifft man vielleicht irgendwann auf ein großes Einhorn und einen großen Drachen, und in ihren Augen erkennt man, wer solche Geschichten schreibt: Die Liebe, die Liebe, geführt von Gottes Hand!

Das Einhorn und der Drache

Unkraut ist eine Pflanze,

deren Tugenden

noch nicht entdeckt wurden.

Ralph Waldo Emerson

Vorwort

Schon als Kind war ich viel in Wald und Flur unterwegs. Groß geworden auf einem Bauernhof in einem kleinen Dorf im Westerwald, ging dieser fast nahtlos in die umgebende Landschaft über. Unser Spielplatz war endlos. Nicht so behütet wie die Kinder heute, konnten wir viele ungestörte Stunden im Wald oder am Bach verbringen. Der Wald war mein Zuhause, die Bäume meine Freunde. Ich verspürte auch nie Angst, wenn ich alleine im Wald umherstrolchte, im Gegenteil, ich genoss das Gefühl von Freiheit. Auch später in jungen Jahren ging ich oft in den Wald, machte mit dem Hund einen Spaziergang durchs Feld, besonders wenn es mir einmal nicht so gut ging. Die Natur war mir immer ein Trost, ein Platz, an dem ich meine Sorgen loswerden und wieder einen klaren Kopf bekommen konnte.

Als ich dann aus beruflichen Gründen mein Heimatdorf verlassen musste, traten der Wald und diese Spaziergänge etwas in den Hintergrund. Die Verbindung zur Natur blieb zwar schon durch meinen Beruf erhalten – ich wurde Gärtnerin – doch es war erst einmal eine ganz andere Richtung. Durch meine Berufsausbildung und mein Studium zog ich in größere Orte, in die Nähe von Städten, die Natur war dort nicht mehr so präsent. Jedenfalls nicht so deutlich, wie ich es von meiner Kindheit her kannte. Ich konnte nicht gleich hinter dem Gartentor in die Landschaft verschwinden. Wie sehr mir das all die Jahre gefehlt hatte, bemerkte ich erst, als es mich durch einen glücklichen Zufall wieder in einen kleinen Weiler im Bayerischen Wald verschlug. Dort lebe ich heute auf einer der ersten Hügelketten in einer einzigartigen Landschaft. Wald und Flur sind wieder ständige Begleiter, und ich tauche immer mehr ein in das Wunder der Natur.

In dieser doch relativ ursprünglichen Landschaft entdeckte ich Pflanzen, die an anderen Stellen schon längst verschwunden sind, und die ich oft nur noch aus meinem Garten kannte. Ich fand herrliche Stellen im Wald, gewaltige Bäume unter denen man Kraft und Ruhe finden kann, bezaubernde Aussichten, die einen die Probleme und Sorgen des Alltags vergessen lassen. Sonnenuntergänge an der Donau oder über den Nebelwolken des Gäubodens faszinierten mich. Wenn ich mit meinem Fotoapparat und meinem Hund draußen unterwegs war, vergaß ich alles andere, waren die Turbulenzen der Welt weit entfernt. Ich erlebte unvergessliche Stunden, völlig eins mit mir und meiner Umgebung. Und doch spürte ich die Antworten auf meine Fragen und Probleme, waren mir Lösungen nie so nah, wie hier draußen unter freiem Himmel. Ich entdeckte die Schönheit dieses Fleckchens Erde, der Natur, die uns umgibt, auf eine neue Weise. Der Fotoapparat war meine Brille, das Gerät, das mir zu einer besseren Sicht verhalf. Ich fand kleine Pflanzen, perfekte Schönheiten am Wegessrand, an denen man in der Regel achtlos vorüber geht, die gewöhnlich nicht ins Auge fallen, die mir aber ein ganz neues Wesen offenbarten. Während ich auf das richtige Licht beim Fotografieren wartete – weil die Sonne mal wieder

hinter irgendwelchen Wolken verschwunden war – nahm ich Momente und Stimmungen wahr, die ich so nicht kannte. Diese Minuten waren kostbar, da ich jetzt Dinge erlebte und wahrnahm, die mir sonst verborgen geblieben wären. Ich erkannte nun, wie perfekt dieses System Natur eigentlich funktioniert und wie sehr wir Menschen uns doch von diesem System, dieser Kraft, abgeschnitten bzw. ausgegrenzt haben.

Wieder zuhause, schrieb ich meine Eindrücke und Erfahrungen auf. Ich war oft überrascht von dem was ich selbst geschrieben hatte, wenn ich es zu späteren Zeiten wieder hervorholte und durchlas. Ich bemerkte auch, dass einige Pflanzen mich ständig begleiteten, so eine Art Wegweiser waren und mir halfen, mit schwierigen Situationen in meinem Leben zurechtzukommen.

Den Pflanzen galt schon immer meine Liebe. Jetzt erinnerte ich mich wieder an das befreiende Durchstreifen der Landschaft aus frühen Kindheitstagen, und plötzlich waren auch die Pflanzen wieder in einer anderen Weise da. Sie sprechen uns an, die Pflanzen, sie berühren uns. Nur bemerken wir es meistens nicht, wir gehen oft achtlos vorüber. Vielleicht werfen wir noch einen kurzen Blick darauf, aber mehr auch nicht. Selten bleiben wir stehen und halten für einen Moment inne!

Fragen uns, was sie uns wohl sagen will. Warum sie uns gerade jetzt über den Weg läuft, warum sie uns gerade jetzt anspricht oder auffällt. Sind wir nicht schon öfter an ihr vorbei gelaufen, ohne sie überhaupt zu bemerken oder sie zu sehen? Doch diese Fragen stellen wir uns in der Regel nicht, wir laufen achtlos weiter, ohne die Chance des Augenblickes zu erkennen. Wir verstehen nicht, dass die Pflanzen zu uns kommen, in unseren Garten, in die Nähe des Hauses. Dass wir sie brauchen, ihre Hilfe in Anspruch nehmen können und sie uns wohl gerne helfen. Wenn ihre Hilfe nicht mehr benötigt wird, dann verschwinden sie genauso lautlos, wie sie gekommen sind. Nehmen wir uns jedoch die Zeit und bleiben stehen, *kommen zur Ruhe, lassen Vergangenheit und Zukunft außen vor, sind nur da im Moment, dann können wir es spüren. Dann können wir erahnen, was sie uns vielleicht sagen wollen, welche Heilkraft wir von ihnen brauchen. Ist sie klein und zart: Vielleicht sollen wir eher auf die kleinen Dinge im Leben achten, auf die zarten Pflänzchen. Kleine Schritte gehen. Oder hat sie Stacheln, dann sollen wir uns vielleicht wehren und abgrenzen, uns nicht immer alles gefallen lassen. Oder vielleicht brauchen wir einfach nur einen Tee, der unseren Husten oder unsere Erkältung lindert. Wenn wir uns die Zeit nehmen, können wir die Pflanze plötzlich in einem ganz anderen Licht sehen. Sie wird zu einem Wesen mit einer Seele.*

Und noch etwas anderes änderte sich. Durch die Nähe zur Natur lebte ich wieder viel mehr mit den Jahreszeiten, tauchte ein in ihre Kraft. Hier oben im Bayerischen Wald, da gibt es noch richtige Winter mit Schnee. Da wird man praktisch zur Ruhe gezwungen, ob man will oder nicht. Man passt sich dem Rhythmus der Natur an. Die alten Kräuterfrauen, die Heilkundigen längst vergangener Tage, unsere Vorfahren, die Kelten, lebten alle so. Wir haben es sozusagen im Blut, wohl aber vergessen, und finden nun zu unseren Wurzeln zurück. Wurzeln, die uns stärken, die uns Kraft geben, die Stürme des Lebens mit Leichtigkeit zu überstehen, und mit Freude und Dankbarkeit, dem Leben zu begegnen.

So möchte ich Sie mit diesem Buch teilhaben lassen an den Wundern der Natur, möchte Ihnen erzählen, was mir die Pflanzen erzählt haben, was ich in Wald und Flur erlebt habe.

Katrin Schumann

Weißt du, dass die Bäume reden?
Ja, sie reden.
Sie sprechen miteinander,
und sie sprechen zu dir,
wenn du zuhörst.
Aber die weißen Menschen hören nicht zu.
Sie haben es nie der Mühe wert gefunden,
uns Indianer anzuhören,
und ich fürchte,
sie werden auch die anderen Stimmen
in der Natur nicht hören.
Ich selber habe viel
von den Bäumen erfahren:
manchmal über das Wetter,
manchmal über Tiere,
manchmal über den Großen Geist.

Tatanga Mani

Der Winter

mit seiner Ruhe und Klarheit

Ein Pflanzenbuch mit den Pflanzen des Winters beginnen zu lassen, ist doch etwas außergewöhnlich. Es ist die Zeit, in der in unseren Breiten die Pflanzen ihren Winterschlaf halten, zur Ruhe gekommen sind. Die Zeit, in der sich in der Natur, in unseren Augen, kaum etwas tut. Die Zeit, die wir gerne schnell hinter uns bringen würden – die dunkle, die kalte Jahreszeit. Wir wollen lieber das Neue des Frühlings, die Fülle des Sommers und die Wärme.

Doch der Winter ist die Jahreszeit, die Klarheit bringt. Sobalöd alles Überflüssige verschwunden ist, tritt die Struktur der Landschaft in den Vordergrund. Der einzelne Baum in einer weißen Schneelandschaft fällt ins Auge. Ein gepflügtes Feld, auf dem immer nur einzelne braune Erdschollen aus dem Schnee herausragen wird zum Blickfang. Baumrinden, in die sich der Schnee verfangen hat, wecken nun unsere Aufmerksamkeit. Dinge, die uns im Sommer in der Fülle gar nicht aufgefallen sind, an denen wir oft achtlos vorüber gezogen sind. Sobald Schnee, Eis und Frost über der Landschaft liegen, kehrt Ruhe ein. Auch wir wenden uns wieder mehr unserem Inneren zu, kehren zurück in den Schutz unserer Häuser. Nehmen uns wieder mehr Zeit für uns selbst. Eine gemütliche Kaffeestunde am Kamin, oder einfach mal wieder auf dem Sofa ein gutes Buch lesen. Der Rückzug fällt uns nicht so schwer, wenn es draußen ungemütlich ist.

In den alten Mythen unserer Vorfahren ist der Beginn des Winters, die Zeit in der neues Leben in der Erde entsteht, die Zeit der Geburt. Mit der Wintersonnenwende am 21. Dezember, der längsten Nacht und dem kürzesten Tag, hat die Dunkelheit ihren Höhepunkt erreicht. Unsere Vorfahren feierten in dieser Zeit die Geburt des Neuen, des Lichts. *Bei den Kelten gebiert in dieser Nacht die Große Göttin tief in der finsteren Erde in der stillsten aller Stunden das wiedergeborene Sonnenkind.** Auch das Christentum hält sich an diesen alten Brauch, an dieses alte Wissen. Wir feiern an Weihnachten die Geburt Jesu, des Christkindes. Auch dieses bringt das Licht, die Liebe in die Welt, in die Herzen der Menschen.

Die Tage werden ab jetzt wieder länger, das Licht nimmt zu. Eine alte Bauernweisheit beschreibt es so: „Weihnachten um an Muggenschritt, Neujahr um an Hahnentritt, Dreikönig um an Hirschensprung und Lichtmess um a ganze Stund." Wenn auch äußerlich Eis und Frost regieren, die Natur in tiefer Starre zu liegen scheint, wird das Licht, werden die Strahlen der Sonne und damit die Wärme immer mehr. Es ist der Beginn des neuen Jahres, der Beginn einer neuen Wachstumsperiode, auch wenn wir es äußerlich nicht wahrnehmen. Die Geburt ist erfolgt, ein Samen beginnt tief in der Erde zu wachsen, etwas Neues entsteht.

In unserem Kalender beginnt der Winter am 21. Dezember, am Tag der Wintersonnenwende. Im phänologischen Kalender dagegen richtet sich der

---

* Storl: Pflanzen der Kelten

Beginn der einzelnen Jahreszeiten nach dem Entwicklungsstand der Pflanzen, nach dem Witterungsverlauf. Er unterteilt das Jahr nicht nur in vier Jahreszeiten, sondern in zehn, die Jahreszeiten der Natur. Frühling, Sommer und Herbst werden jeweils nochmals in drei Abschnitte unterteilt: Vorfrühling, Erstfrühling, Vollfrühling, Frühsommer, Hochsommer, Spätsommer, Frühherbst, Vollherbst und Spätherbst. In diesem Kalender ist der Winter die Zeit der Vegetationsruhe. Er beginnt mit dem Laubfall der späten Apfelsorten, dem Blattfall der Stiel-Eiche und dem Auflaufen des Winterweizens. Das Ende des Winters wird angezeigt durch die Blüte der Haselnuss, wenn die Kätzchen stäuben und mit dem Beginn der Schneeglöckchenblüte.

Dieser Kalender gefällt mir wesentlich besser, denn er bezieht auch die unterschiedlichen Standorte und Klimalagen mit ein. Hier oben im Bayerischen Wald haben wir oft noch tiefsten Winter mit dickem Schnee, während an anderen Stellen schon die Schneeglöckchen blühen. Auch ist der Winter für mich die dunkle, die ruhige Jahreszeit. Wenn der erste Schnee im November fällt und der Frost den Boden durchdringt, dann kehrt Ruhe ein, dann zieht sich das Leben in die Häuser zurück, ins Innere.

Auch die Pflanzen machen das ähnlich, ihre Säfte werden ins Holz, in die Wurzeln zurückgeholt. Am deutlichsten merkt man diese Ruhe bei einem Spaziergang durch den Wald. Die Stimmung ist jetzt, Anfang Dezember, oft düster und neblig. Kein Ton ist zu hören, kein Vogel gibt einen Laut von sich. Es herrscht fast eine gespenstische Stille, alles ist unter dem Frost und der leichten Schneedecke erstarrt. Die Natur hat sich zurückgezogen.

Die Mistel

Die Pflanze des Lichts

 Und doch gibt es jemanden, eine Pflanze, die gerade in dieser Zeit ihren Höhepunkt hat, die jetzt deutlich zum Vorschein kommt, deren Früchte gerade jetzt im Dezember reifen. Vielleicht war sie deshalb schon immer etwas Besonderes, bei den Kelten sogar eine heilige Pflanze, eine Zauberpflanze. Die Pflanze, die nun auf sich aufmerksam macht ist die Mistel, auch Laubholzmistel genannt bzw. *Viscum album ssp. platyspermum*. Sie kommt hauptsächlich auf laubabwerfenden Bäumen wie Pappeln oder Äpfeln vor, aber auch auf Birnen, Weiden oder Linden. Gelegentlich findet man sie auf Eichen oder Eschen. Diese ausschließlich auf Eichen gewachsenen Misteln waren die Zauberpflanzen der keltischen Druiden. Sie mussten der Sage nach mit einer goldenen Sichel geerntet werden und durften nicht den Boden berühren, weshalb sie mit Tüchern aufgefangen wurden.

Bei der Mistel ist alles anders als bei anderen Pflanzen. Ihre weißen Beeren reifen dann, wenn andere Pflanzen ihre Winterruhe halten. Sie wächst nicht in der Erde, sondern hoch oben in den Baumwipfeln. Sie bildet keine Wurzeln, sondern spezielle Saugorgane, mit denen sie die Wasserleitungsbahnen der Wirtspflanze anzapft. Die Mistel ist ein Halbschmarotzer, denn sie entnimmt dem Baum, auf dem sie sich festgesetzt hat, nur Wasser und darin gelöste Nährsalze. Photosynthese kann sie selber betreiben durch ihre grünen, leicht ledrigen Blätter, die das ganze Jahr an

der Pflanze bleiben. Sie ist immergrün, eine jährliche Blattneubildung würde zu viele Nährstoffe verbrauchen. Die Mistel wächst sehr langsam zu einer kleinen Kugel heran, anscheinend unabhängig von Licht und Schwerkraft. Jedes Jahr bildet sich nur ein einziger neuer Gabelspross, so, als wüßte die Pflanze, dass sie ihrem Wirt nicht zu viel zumuten darf. Bis die Büsche eine Größe von etwa einem halben Meter Durchmesser erreicht haben, dauert es zwanzig bis dreißig Jahre. Auch mit der Blüte lässt sie sich Zeit. Eine junge Mistel erreicht ihr blühfähiges Alter erst nach fünf bis sieben Jahren. Die Blüte ist zweihäusig, das heißt, männliche und weibliche Blüten wachsen auf verschiedenen Pflanzen. Ihre Blütezeit hat die Mistel in der Zeit von Februar bis April, wenn die Wirtsbäume noch nicht belaubt sind. So können die Insekten die unscheinbaren Blüten leichter finden. Die Früchte reifen dann im folgenden Dezember. Sie dienen einigen Vogelarten, besonders der Misteldrossel und dem Seidenschwanz, als wertvolles Winterfutter. Deshalb ist das Auftreten der Mistel häufig auch an das Vorkommen dieser Vogelarten gekoppelt. Die Mistel braucht diese Vögel, damit ihre Samen verbreitet werden. Auch hier zeigt sich wieder, dass bei der Mistel alles anders ist. Anders als bei einem normalen Samenkorn ist der Embryo in der Mistelbeere schon voll entwickelt. Er wartet nur auf seine Befreiung, auf die Entfernung seiner klebrigen Hülle. Dazu müssen die Vögel die Beeren fressen oder zumindest mit dem Schnabel die Hülle der Beere zerstoßen. Da das Fruchtfleisch sehr klebrig ist, haftet es oft am Schnabel der Vögel. Diese säubern ihn dann an einem Ast, und der Embryo bleibt daran haften. Taugt ihm der Wirt, dann beginnt er zu wachsen. Oder der Embryo wird mit dem Kot ausgeschieden und landet auf einem Baum.

Die Mistel war schon immer etwas Besonderes. Sie fällt einfach auf im Winter. Seit alters her wird sie in der Weihnachtszeit als Schmuck verwendet. Ihr wird eine reinigende und schützende Wirkung zugeschrieben. Schon bei den Kelten galt sie als Symbol für den Frieden. Sie bringt demjenigen Glück, der sie geschenkt bekommt. Aber auch als Heilpflanze hat sie eine lange Tradition. Man setzt sie dort ein, wo eine blutstillende, entzündungshemmende, harntreibende oder krampflösende Wirkung gefordert ist. In der modernen Medizin werden Mistelpräparate zur Blutdrucksenkung und zur Tumorbekämpfung eingesetzt.

Hier bei uns im Bayerischen Wald fällt nicht nur die Laubholzmistel auf den Apfelbäumen auf, sondern es gibt noch eine zweite Unterart, die Tannenmistel, *Viscum album sp. abietis*, die genauso häufig anzutreffen ist. Sie kommt ausschließlich auf Tannen vor und da mit Vorliebe auf Weißtannen. Es sind alte Bäume auf denen sie wächst, und die Wirte scheinen auch etwas darunter zu leiden. Wobei nicht ganz sicher ist, ob es der Standort der Pflanze an sich ist oder der Befall mit Misteln. Denn mittlerweile gibt es Untersuchungen, die zeigen, dass die Mistel vermehrt auf Bäumen wächst, die von Strahlungen belastet sind. Ob es sich dabei um Wasseradern, Verwerfungen oder modernen Elektrosmog handelt, spielt dabei anscheinend keine große Rolle. Sie hilft dem Baum anscheinend, solche Bedingungen besser zu überstehen, sie schützt ihn. Und somit erklärt sich auch die Wirksamkeit der Mistel bei Tumoren: Sie schützt die Zellen und hilft, wieder Frieden und Ordnung im Körper zu schaffen. Genauso wie sie den Bäumen hilft, scheint sie auch den

Menschen zu helfen. Wenn man sein Auge aufmerksam in die Wipfel lenkt, fallen die Misteln auf. Bei Schnee erkennt man sie besonders gut, da unter den Bäumen immer abgerupfte Blätter liegen – ein Zeichen dafür, dass sie von den Vögeln sehr emsig besucht werden. Auch das Rehwild mag die Mistel. Bricht vom Sturm ein Ast mit Misteln ab oder wird ein Baum gefällt, auf dem die Pflanze sitzt, so sind die Leckerbissen über Nacht verschwunden.

Auf einem meiner winterlichen Spaziergänge entdeckte ich auf einer locker angepflanzten Streuobstwiese einen Baum, der mir besonders ins Auge stach. Ein prächtiger Apfelbaum mit einigen wunderschönen, grünen Mistelexemplaren. Und immer, wenn mir eine Pflanze besonders auffällt, sie mich anspricht, dann will sie mir auch etwas sagen. Ich halte kurz an und betrachte beide, den Baum und die Misteln. Ich frage mich, ob wirklich nur die Mistel einen Nutzen aus dieser Kombination zieht, oder ob nicht auch der Apfelbaum von ihr profitiert. Ob sie ihm nicht auch etwas zurück gibt. Ich meine, mich erinnern zu können, dass nicht alle Parasiten nur auf Kosten ihrer Wirtspflanze leben, dass sie auch Photosyntheseprodukte zurückgeben können. Doch in Bezug auf die Mistel habe ich dazu in der einschlägigen Literatur nichts gefunden. Und doch scheint mir diese Beziehung nicht einseitig zu sein. Der Baum fällt zumindest einmal auf, hebt sich von den andern Bäumen ohne Misteln ab. Er wird bewundert, auch Pflanzen können so etwas spüren und mögen es. Außerdem erhält er viel mehr Besuch, die Vögel lassen sich auf ihm nieder und vertilgen ihre Mahlzeit. Er steht nicht alleine da, in der langen oft einsamen Winterzeit. Ich denke, die Mistel schenkt auch dem Baum etwas. Mit diesen Gedanken mache ich mich wieder auf den Weg, durch den kalten, frostigen Wald, auf den Weg nach Hause.

Doch die Mistel lässt mir keine Ruhe, immer wieder gerät sie in mein Blickfeld. Ich wälze Kräuterbücher und

Geschichten, um doch noch auf das Geheimnis zu stoßen. Irgendetwas fehlt mir noch, irgendwie habe ich den wahren Wert der Pflanze noch nicht erkannt. Es soll jedoch noch eine Zeit dauern, bis die Pflanze mir einen weiteren Teil ihres Wesens offenbart.

Wieder ist ein Jahr vergangen und es ist erneut Winter geworden. Nur habe ich diesmal keinen Mistelzweig zu Weihnachten geschenkt bekommen. Sonst kamen sie immer von ganz alleine zu mir. Mal brachte meine Nachbarin einen vorbei, mal bekam ich von einer Freundin einen geschenkt, oder ich fand im Wald selbst einen. Doch diesmal sollte es wohl nicht sein, was mir jedoch zu denken gab: Brauchte ich sie nicht mehr oder wollte die Pflanze einfach nur, dass ich ihr endlich zuhörte, sie endlich sähe. Ganz in der Nähe steht ein alter Apfelbaum, der einige stattliche Mistelexemplare aufweist. Ihn besuchte ich jetzt öfter bei meinen abendlichen Spaziergängen. Und beim Laufen kommt einem so einiges ins Gedächtnis. Ich rief mir noch einmal in Erinnerung, was ich über die Mistel wusste. Sie ist etwas Besonderes, und sie ist seit alters her sehr stark mit Weihnachten verbunden. Man benutzt sie zum Schmücken der Häuser, und den Brauch, die Mistel über die Haustüre zu hängen und sich darunter zu küssen, kennt fast jeder. Traf man sich „zufällig" unter diesem Mistelzweig und küsste sich, dann gehörte man zusammen, dann war das in früherer Zeit ein Zeichen. Auch sah man in ihr die Verbindung zur Anderswelt, weil sie eben auch ganz anders ist als alle anderen Pflanzen. Sie wächst losgelöst von der Erde, steht also zwischen Himmel und Erde. So stellt sie die Verbindung dar, zwischen dem Reich der Toten, der Seelen, und dem Leben. Unsere Ahnen sahen in der Mistel auch die Seelen, die sich wieder verkörpern wollten, die Ahnen, die wieder geboren werden wollten. Die Kinder, die auf die Welt kommen wollten, die geboren werden wollten. Und so schließt sich der Kreis: Weihnachten, die Geburt des Christkindes, das Licht, das wiedergeboren werden will. So wie die Kelten es schon in ihren Mythen beschrieben haben. Die Geburt des Lichtes, des neuen Samens, der in der Erde zu wachsen beginnt. Das Licht, welches sich im Außen in der wieder zunehmenden Sonne spiegelt. Somit ist die Mistel, eine Pflanze des Lichtes. Sie ist der Lichtbringer, sie entzündet das Licht in den Menschen, das Neue, so wie Jesus das Licht, den göttlichen Funken in den Menschen geweckt hat. Und so vertreibt sie auch die Zweifel, hilft uns, das Alte, das Schwere hinter uns zu lassen. Sie ist leicht, die Mistel, sie thront über allem, und sie kennt den Weg. Und so wundert es auch nicht, das die Kelten die Misteln, die auf Eichen gewachsen waren, einem unserer kraftvollsten Bäume, als besonders zauberkräftig ansahen und bei all ihren Ritualen verwendeten. Die Mistel bringt das Neue, weckt den Samen in der Erde, weckt das Licht in uns, damit es wieder strahlen kann, damit der Mensch wachsen kann und sich wieder erinnert, was er eigentlich ist: ein göttliches Wesen. Wir alle sind Kinder von dem einen Baum, dem einen Stamm, der einen Quelle. Wir alle sind Kinder Gottes, nach dem Ebenbild erschaffen, so steht es schon in der Bibel, so zeigt es uns die Mistel. Wir sind verbunden mit allem, mit dem Baum. Unser Ursprung nährt uns, und doch sind wir selbständig, können uns selbst versorgen – wie die Mistel.

Die Fichte

Grüne Gesellen im Wintermantel

 Der Winter reduziert auf das Wesentliche. Er bringt die Klarheit, alles Überflüssige ist jetzt verschwunden. Selbst die Fichte, *Picea abies,* die sonst wenig auffällt, weil es sie überall in solchen Mengen gibt, erscheint jetzt in einem anderen Licht. Sobald der erste Schnee die Bäume überzogen hat, erstrahlen sie, leuchten die mit Fichten und Tannen überzogenen Berghänge weit übers Land. Sie wirken als hätten sie ihren neuen, weißen Wintermantel übergezogen, mit dem sie sich nun für eine Weile schmücken werden.

Wenn es dann so richtig kalt ist, der Schnee unter den Schuhsohlen knirscht und selbst strahlender Sonnenschein das Thermometer nicht über den Gefrierpunkt bringt, erscheinen die Fichten mit ihrer dicken Schneehaube wie Märchenbäume. Stolz stehen sie da, trotz ihrer Schneelast, kein bisschen gebrochen kommen sie einem vor, genauso aufrecht, dem Himmel emporgestreckt wie im Sommer. Es ist ihre Zeit, der Winter. Die Menschen holen sie ins Haus, schmücken mit ihren immergrünen Zweigen zur Weihnachtszeit die Räume. Der „Tannenbaum" ist der Weihnachtsbaum schlechthin. Er zeigt uns das Leben mitten im Winter, die Schönheit auch wenn wir meinen, die Fülle des Sommers sei vorbei, die Kargheit, die Entbehrung des Winters herrsche nun. Die Fichte schenkt uns Klarheit und Frieden, sie zeigt uns, was wirklich wichtig ist.

Alte Fichten, die in die Jahre gekommen sind, stehen erhaben und würdevoll im Wald. An eine alte Groß-mutter erinnern sie mich dann oft, weise und voll Achtung und Liebe dem Leben gegenüber. Eine Frau, die weiß, wie das Leben funktioniert, die vom Leben aber nicht gebrochen ist, die aufrecht und würdevoll mitten im Leben steht und ihren Spaß daran hat. Die mit einem kleinen Lächeln und viel Weisheit auf die ungeduldige Jugend schaut, die ungestüm und voller Erwartungen dahin rennt. Kleine Fichtenkinder erscheinen mir auch oft so, ungestüm und voller Lebensfreude. So als wollten sie wachsen, dem Licht und dem Himmel entgegenstreben. Doch diese Lebensfreude entdeckt man nur, wenn die „Tannenkinder" in einer weitgehend natürlichen Umgebung aufwachsen, sie unter großen Fichten als „Anflug", wie der Förster es nennt, ihre Kinderstube erleben. Traurig wirken die Fichten immer nur dann, wenn sie wie die Zinnsoldaten aufgereiht in Monokulturen aufwachsen. Diese Ordnung scheint den lebenslustigen und immer etwas ungestümen Fichtenkindern nicht zuzusagen.

Im Frühjahr hat die Fichte noch einmal eine kurze Zeit, in der sie auffällt. Dann wenn sie ihre neuen, grünen Spitzen treibt. Sie leuchten in einem weichen, sehr hellen Grün und ergeben einen wunderbaren Kontrast zu den dunkelgrünen, alten und harten Nadeln. Aus diesen jungen Spitzen lässt sich zusammen mit Honig ein sehr guter Hustensaft herstellen, der bei Bronchialleiden hilft, sowie bei Grippe und Erkältung.

Der Bayerische Wald gehört neben dem Alpenvorland, dem Böhmerwald und den Karpaten zu den ursprünglichen Verbreitungsgebieten der Fichte. Sie bevorzugt niederschlagsreiche Gebirgslagen und wenn man ihr dort genügend Raum lässt und Zeit zum Wachsen, dann kann die Fichte imposante Baumgestalten bilden.

Diese großen und alten Wetterfichten, muten mit ihren tief zum Boden ragenden, weit ausladenden Ästen, an denen sich in höheren Gebirgslagen oft noch lang herunterhängende Flechten befinden, wie Märchenbäume an. Gerade bei Nebel wirken diese Bäume dann sehr gespenstisch. Die überall im Bayerischen Wald vorhandenen Granitsteine und Felsformationen ergänzen das Bild dann noch.

In unserer modernen Gesellschaft hat die Fichte das gleiche Schicksal erlitten wie die Thuja in unseren Gärten. Aus dem Lebensbaum, dem Baum, der Himmel und Erde verbindet, dem von unseren Vorfahren verehrten Schutzbaum, der Mutter des Waldes, ist ein Industriegut geworden. In Massen fristet sie ihr Dasein in dunklen, kargen und schnellwachsenden Stangenholzwäldern. Wie unterschiedlich muten diese Wälder an, wie wenig Schönheit und Fülle ist hier vorhanden. Vergeblich sucht man etwas Grünes auf dem Boden. Selbst die Vögel scheinen sich hier nicht gerne aufzuhalten, denn es ist gespenstisch still und dunkel, geradezu unheimlich, so dass man diesen Teil des Waldes gerne wieder verlässt und in lichtere Gefilde wandert. Wen wundert es da, dass solche Monokulturen geradezu anfällig sind für Sturmschäden oder Schädlingsbefall.

Der Winter – die Fichte

Die Heidelbeere und die Brombeere

Freunde der Rehe

 Es schneit und schneit und schneit. Wir haben sicher schon über einen halben Meter Schnee. Ich sitze an meinem Küchentisch und betrachte die Schneemassen in meinem Garten. So richtig hinaus zieht es einen nicht. Die Sonne wird sich heute sicher nicht blicken lassen. Es ist alles grau in grau und nirgendwo ein Durchkommen, da alles voller Schnee ist. Bestenfalls mit Schneeschuhen hat man außerhalb der geräumten Wege eine kleine Chance.

Während ich hier so sitze und aus dem Fenster starre, hänge ich meinen Gedanken nach, denke an das Wild im Wald, das sich durch die Schneemassen kämpfen muss, damit es irgendwo noch ein paar Brombeerblätter oder Tannenspitzen ergattert. Das ist mir das letzte Mal aufgefallen, als ich mich noch zu Fuß durch den Schnee den Berg hinunter kämpfen konnte. An den Brombeerranken hingen immer noch einige Blätter. Nicht braun und erfroren, sondern von einem sehr dunklen, fast rötlichen Farbton. Phenole, wie die Wissenschaft sie nennt, sekundäre Pflanzenstoffe, die die Pflanze einlagert, um sich vor Schädlingen oder eben Frost zu schützen. Die Rehe scheinen es den Pflanzen zu danken, denn so erhalten sie um diese Zeit noch etwas Grünes. Überall sah man deutlich im Schnee die Spuren, die zu den letzten Brombeerranken führten. Wie an einem Sammelplatz sah es hier aus. Eigentlich kein Wunder, denn hier gibt es noch etwas zu fressen, etwas, was erreichbar und nicht unter dem Schnee verborgen ist.

Im Sommer ärgert man sich manchmal, wenn man durch die Brombeerdickichte, die am Wegesrand oder an lichten Stellen im Wald wachsen, nicht durch kommt. Im Zuge der Durchforstungsarbeiten werden sie oft entfernt, damit die jungen Bäume ungestört wachsen können. Doch dabei vergisst man oft, dass sie dem Wild im Winter Nahrung bieten und es von den jungen Tannenspitzen, die sowieso kein ideales Futter sind, ablenkt. Früher wurden eigens solche Verbissgärten angelegt: Kleine, im Sommer eingezäunte Flächen, auf denen Sträucher und Gehölze wuchsen, meist Weichholzarten, die dem Wild im Winter als Nahrung dienen konnten und die es wesentlich besser verträgt als die verharzten Nadelholzspitzen. Im Winter entfernte man die Zäune und hatte so eine artgerechte Fütterung für das Wild. Die empfindlichen Forstkulturen wurden so weitgehend vor Verbissschäden geschützt. Heute, wo in unseren Wäldern wenig wachsen darf was keinen wirtschaftlichen Nutzen hat, erledigt man dieses Problem einfach mit hohen Abschusszahlen.

Während ich also an meinem Küchentisch sitze und mir diese Gedanken durch den Kopf gehen, fällt mein Blick auf den Blumenstrauß, der auf der Anrichte steht. Er hat seine beste Zeit schon hinter sich, die Rosen sind schon getrocknet. Nur das Kraut der Heidelbeeren treibt kräftig neue Blätter, beginnt grün zu werden, hier im warmen Zimmer. Auch so eine Pflanze, die die Rehe gerne fressen. Als ich den Strauß so betrachte, fällt mir ein, dass ich an Weihnachten auch eine Rose mit diesem

Kraut geschenkt bekommen habe. Auch hier hat es ausgetrieben und sogar eine Blüte bekommen. Nachdem ich meinen Strauß in der Küche näher in Augenschein genommen habe, entdecke ich wieder einige Blüten. Sollte das vielleicht der berühmte Wink mit dem Zaunpfahl sein: Jetzt schon der zweite Strauß mit Blüten – will die Pflanze mir etwas sagen? Soll ich genauer hinsehen, hinhören, „lusen" wie man in Bayern sagt?

Ich betrachte die Heidelbeere, *Vaccinium myrtillus*, wie sie botanisch richtig genannt wird, genauer. Obwohl sie sehr zart erscheint, ist es doch eine kräftige, eine zähe Pflanze. Das allein zeigen schon die unwirtlichen Bedingungen hier im Zimmer, unter denen sie zu wachsen beginnt. Kraftvoll ist sie auch im Wald, wenn sie sich an lichten Stellen ausbreitet. Und zäh, wenn ich an die Flächen mit Heidelbeeren denke, die ich im Herbst auf den Bergkämmen des Bayerischen Waldes entdeckt habe. Was sie braucht ist etwas Licht, alles andere scheint ihr so ziemlich egal zu sein, da nimmt sie es nicht so

genau. Hauptsache der Boden ist sauer und nicht zu trocken. Moore und lichte Mischwälder sind ebenso ihre Heimat, wie die Zwergstrauchformationen in den Alpen, wo sie bis 2700 Meter Höhe vorkommt. Eine zähe und robuste Pflanze. Auch wenn man bedenkt, dass sie immer wieder vom Wild verbissen wird, geradezu kurz gehalten, was ihr aber nicht sonderlich viel auszumachen scheint. Im Gegenteil, es steht ihr gut zu Gesicht.

Die Heidelbeere ist eine Pflanze, die mich schon immer bezaubert hat. Mir gefallen ihre Flächen im Wald, sie sehen immer reizvoll aus, egal zu welcher Jahreszeit. Und im Herbst schenkt sie uns ihre kleinen, blauen Früchte. Man entdeckt sie nicht sofort, weil sie durch ihre dunkle Farbe gut versteckt sind. Doch sie entlocken einem immer ein Lächeln und „Oh" erschallt der freudige Ruf durch den Wald, wenn man sie endlich entdeckt hat, „hier gibt es ja Heidelbeeren". Die Früchte haben einen hohen Vitamin- und Gerbstoffgehalt, weshalb sie getrocknet als gutes Durchfallmittel

verwendet werden. Doch mehr fällt mir zu ihr nicht ein. Ich wälze ein altes Arzneibuch, doch es bringt mich nicht weiter. Vielleicht sollte ich mich erst einmal hinsetzen und anfangen zu schreiben, dann wird es schon kommen, was sie mir sagen will. Ich schreibe aber erst einmal andere Dinge, vom Wetter, von der Brombeere, vom Wild. Nach einer gewissen Zeit kommt mir der Gedanke, dass sie mir vielleicht gerade das sagen will, den Zusammenhang zwischen Pflanzen, Wild und Verbiss. Auch die Brombeere, *Rubus fruticosus*, enthält unter anderem in ihren Blättern Gerbstoffe und organische Säuren, die astringierend, blutreinigend, harntreibend, blutzuckersenkend und wundreinigend wirken. Also auch eine Heilpflanze für das Wild? Langsam verstehe ich, dass uns die Pflanzen nicht immer etwas über sich selbst, über ihre eigene Heilwirkung erzählen. Manchmal erklären sie uns einfach nur die Zusammenhänge, teilen uns ganz andere Dinge mit.

So stand ich im Sommer mit meinem Hund vor einem Brombeerdickicht. Ein großer Kahlschlag mitten im Wald, durch den wir nicht hindurchkamen. Wir mussten aber irgendwie dort hindurch oder einen großen Umweg machen. Als ich so vor den Brombeeren stand und überlegte, ob ich den Umweg wählen sollte oder mich durch das Dickicht quälen sollte, kamen mir folgende Gedanken in den Sinn, erzählte mir die Pflanze Folgendes: *Es gibt Wege durch das Dickicht, ihr müsst nur mit offenen Augen und achtsam durch den Wald gehen. Wir helfen Euch, diese Wege zu finden, wenn ihr im Chaos der Arbeit, der Welt zu versinken scheint. Wir decken erst einmal alles mit unseren Ranken zu, damit die geschundenen Plätze zur Ruhe kommen, dort wo Sturm und Menschenhand zu sehr in unseren Wald eingegriffen haben. Wir bringen die Kraft zurück, die Lebensfreude und die Leichtigkeit. Und doch schützen wir, lassen nicht alles zu. Und doch gibt es Wege, gibt es Möglichkeiten. Seid achtsam! Es gibt einen Weg, der alles miteinander verbindet. Findet ihn!*

Tatsächlich, bei genauerem Hinsehen gab es einen Weg durch das Dickicht, die Rehe hatten hier schon für einen kleinen Durchgang gesorgt. Gab es keine Trennung der beiden Waldstücke, wie es zu Anfang ausgesehen hatte. Es gab eine Verbindung, einen Weg mitten durch das Dornengestrüpp.

Der Frühling,
die Zeit des Aufbruchs

Mit der Haselnussblüte beginnt im phänologischen Kalender der Vorfrühling. Die Natur erwacht langsam aus ihrem Winterschlaf. Obwohl das Wetter noch ständig wechseln kann: heute Tauwetter, einige warme Tage, und dann wieder Schnee und Frost. Und doch nimmt das Licht, die Sonne beständig zu, werden die Tage länger, und die Sonne gewinnt an Kraft. In manchen Jahren beginnen die Haselnüsse schon im Februar schon zu blühen, in anderen Jahren ist Ende März noch tiefster Winter, mit eisigen Temperaturen. Doch irgendwann siegt das Licht über die Dunkelheit, siegt die Sonne über den Schnee. Spätestens am 21. März, dem Tag der Tag- und Nachtgleiche, beginnt auch der kalendarische Frühling. Bei unseren Vorfahren war dies ein wichtiger Tag. Denn die keltische Pflanzengöttin tanzt mit acht Schritten durch das Pflanzenjahr, welches vom Verlauf der Sonne vorgegeben wird. So gibt es die vier festen Punkte mit den Sonnenwenden und den Tag- und Nachtgleichen. Dazwischen liegen vier weitere Festtage, die dem Lauf des Mondes folgen und ursprünglich am ersten Vollmond des jeweiligen Monats gefeiert wurden. Daraus hat man später kirchliche Feste gemacht: Mariä Lichtmess am 2. Februar ist das alte Imbolc, dann der 1. Mai mit dem keltischen Fest Beltane, der 1. August mit dem Schnitterfest oder dem alten Lugnasad, und der 1. November, mit Allerheiligen oder dem keltischen Samain. An diesen Tagen war die Verbindung zur Anderswelt, die Kommunikation mit den Pflanzen besonders einfach. Man hatte auch immer besondere, den Jahreszeiten entsprechende Pflanzen und Bräuche, die in dieser Zeit wichtig waren. So huldigte man der Erde, der Natur und der Göttin, die für das Wachsen und Ernten, für die jährliche Erneuerung zuständig war.

Der Frühling ist für die Pflanzen der Startschuss zum Wachsen. Alles, was noch in der Erde ist, drängt nach draußen, der Sonne, dem Licht entgegen. Die Bäume treiben ihr neues Laub, überall sprießt es und die Knospen strotzen voller Kraft und Leben. Zu keiner Zeit ist die Kraft der Erneuerung, des Wachsens so stark wie im Frühling. Man ist immer wieder erstaunt, wie schnell ein paar warme Tage im Frühling die Landschaft verändern, wie schnell alles ins Kraut schießt, wenn die Zeit dafür reif ist. Es sind warme Töne, Sonnentöne, die uns im Frühling verzaubern. Zu keiner Jahreszeit ist das frische Gelb so dominierend wie im Frühling. Gelb ist die Farbe der Freude, aber auch des Neides. In Asien ist die Farbe Gelb ein Symbol für Glückseligkeit, Weisheit und Harmonie. Gelb symbolisiert die lebensspendende Wärme der Sonne und aktiviert neue Kräfte. Die Psychologen sagen heute, Gelb ist eine Farbe, die Menschen bevorzugen, die sich befreien, sich verändern möchten. Gelb ist eine optimistische Farbe und spiegelt das Grundbedürfnis wieder, sich zu entfalten. Und das ist die Natur des Frühlings: optimistisch sein und sich entfalten. Man merkt es am Konzert der Vögel, an den Menschen. Zu keiner Zeit des Jahres herrscht ein solcher Tatendrang, stürmen die Menschen so ins Freie, wie an den ersten warmen Frühlingstagen. Man erwartet das Neue!

Die Birke

Die Kraft der Reinigung

 Es ist Ende Februar, die Tage werden wieder deutlich länger. Die Sonne gewinnt wieder an Kraft. Und doch hält sich der Schnee hartnäckig, kommt der Frost immer wieder zurück, scheint nicht verschwinden zu wollen. Der Winter scheint alles fest im Griff zu haben. Aber ein Tag Sonne und fast schon frühlingshafte Temperaturen reichen, damit der Schnee zum Rückzug gezwungen wird. Ihre Kraft ist Ende Februar schon enorm und man genießt die wärmenden Strahlen. Überall stehen Pfützen und Wasserlöcher. Alles scheint irgendwie zu schwimmen. Der Schnee sackt in sich zusammen und löst sich förmlich auf.

Selbst am Abend sind die Temperaturen noch mild, der Frost der Nacht lässt noch etwas auf sich warten. Der Sonnenuntergang ist traumhaft, der Himmel ist mit allen möglichen Rottönen überzogen. Die Nacht scheint klar und kalt zu werden, und doch lässt sich die milde Luft, der Hauch von Frühling nicht so schnell vertreiben. Man kann ohne Probleme eine Weile stehenbleiben, ohne zu frieren, und das Schauspiel am Himmel beobachten. Die Tannenspitzen heben sich dunkel vom noch hellen Himmel ab. Ab und zu fliegt noch ein Vogel durchs Geäst. Selbst die Amseln scheinen schon ihre Frühlingslieder zu proben. Man hört sie immer wieder aus dem Gebüsch, zwar nicht so kraftvoll und laut wie im Frühling, doch man vernimmt sie deutlich. Die Ruhe des Winters ist verschwunden.

Man ist wieder gerne draußen, genießt die letzten Minuten des Tageslichts. Die Dämmerung ist lang, da die Schneeflächen noch leuchten. Mit etwas Wehmut dreht man dem leuchtenden Himmel den Rücken zu und geht nach Hause. Eine einzelne Birke fällt ins Auge, sie hebt sich immer noch deutlich vom hellen Abendhimmel ab. Sie steht alleine in einem Meer von Schnee. Schön steht sie da und kraftvoll, ein Symbol für den Frühling und den Neuanfang. Eine alte Pflanze der Reinigung, des Loslassens von Altem, vom Winter.

Unsere Vorfahren, die Kelten, haben die Birke Brigid, ihrer Lichtgöttin, gewidmet. Sie symbolisierte die wiederkehrende Sonne und Anfang Februar, zum kirchlichen Mariä Lichtmess, feierte man Imbolic, das Fest des Lichtes. Ursprünglich waren diese Feste Vollmondfeste, man feierte sie wie Ostern am ersten Vollmond, hier des Monats Februar. Im 6. Jahrhundert nach Christus wurde aus Imbolic jedoch Mariä Lichtmess, welches man am 2. Februar feiert. Noch heute gilt dieses Fest als Ende der Weihnachtszeit, und die letzten Christbäume verschwinden aus den Häusern. Der Februar ist auch ein Reinigungsmonat, wie sein lateinischer Name schon sagt und deshalb wurden die Räume mit Birkenreisig ausgefegt, um den Winter zu vertreiben. In manchen Gegenden rütteln die Bauern an diesem Tag ihre Obstbäume wach, wecken sie aus dem Winterschlaf. Es war auch der Tag, an dem die Knechte und Mägde ihre Stellung wechseln, etwas Neues anfangen durften.

Der alte keltische Name Imbolic bedeutet „im Schoß", denn die Natur ist zu dieser Zeit oft noch von Schnee bedeckt, doch unter der Erde sprießt unbemerkt schon das Neue. Das Licht nimmt zu, die Sonne zeigt es uns ganz deutlich, sie hat schon enorm an Kraft zugelegt, schließlich ist der Tag an Lichtmess schon um eine ganze Stunde länger als zur Wintersonnenwende. Brigid lässt das Eis schmelzen und regt den Saftfluss der Bäume an.

Diese Lichtgöttin hatte auch einen Begleiter, den Bären, der im Winter in der Erde, in einer dunklen Höhle hauste und seinen Winterschlaf hielt. Weckte die Sonne den Bären an Lichtmess, dann kam der Winter noch einmal wieder, dann musste der Bär noch einmal für sechs Wochen in seiner Höhle verschwinden. *Zu Lichtmess schön und Sonnenschein, der Bär muss noch sechs Wochen in der Höhle sein.*

Da es bei uns heute keine Bären mehr gibt, hat man diese Wetterregel auf den Dachs übertragen. Lichtmess war ein Lostag, ein Tag, an dem die Bauern besonders auf das Wetter achteten, da sie daraus auf den Wetterverlauf der nächsten Wochen schließen konnten: Scheint zu Lichtmess die Sonne heiß, gibt's noch sehr viel Schnee und Eis. Oder auch eine andere Wetterregel

Der Frühling – die Birke

heißt: *Wenn's um Lichtmess stürmt und schneit, ist's zum Frühling nicht mehr weit.*

Die Birke, *Betula verrucosa,* symbolisiert somit das wiedererwachende Leben. Sie ist die Amme, die das neue Leben begleitet. Sie ist der erste Baum, der im Frühjahr sein zartes Grün zeigt. Ein Baum, der Leichtigkeit und Heiterkeit ausstrahlt, eben die Freude des Frühlings. Er ist ein Baum des Lichts, der Baum der Lichtgöttin Brigid, die uns im Frühjahr das Licht zurückbringt, das Eis schmelzen lässt. So ist der Saft der Birke oder Tee aus ihren Blättern seit jeher ein beliebtes Mittel zur Entschlackung und Entgiftung, zur Wasserausscheidung. Die Nieren werden durch diesen Tee nicht gereizt, aber trotzdem zu vermehrter Harnbildung angeregt.

Nach Eva Aschenbrenner enthalten Birkenblätter Pflanzensalze, Flavonoide und ätherische Öle. *Sie sind sehr wertvoll, weil alle Stoffe enthalten sind, die ein ausgelaugter Körper braucht.* Aber auch im ersten Salat kann man Birkenblätter als Zusatz zu Löwenzahn, Kresse und dem letzten Feldsalat verwenden. Birkenblätter enthalten auch Bitterstoffe, die den Gallenfluß fördern, die aber in unserer herkömmlichen Nahrung weitgehend verschwunden sind.

Der Frühling – die Birke

Die Haselnuss

Die Kinder des Waldes

 Ein warmer Tag, und alles drängt nach draußen: Menschen, Tiere, und auch die Pflanzen. Überall wird emsig gewerkelt, die Vögel suchen schon ihr Nistmaterial, und die Menschen meinen, sie müssten regulierend in die Natur eingreifen. Scheren werden geschliffen, Messer gewetzt, der Baumschnitt steht an. Dann fühlen sich Hunderte von Gartenbesitzern plötzlich wie moderne Obstbauern, die ihre Felder in Ordnung bringen müssen. Kein Baum ist vor ihren Schnittkünsten sicher. Ich liebe meine alten Obstbäume, ihre imposanten Baumgestalten – und über ein paar dürre Äste freut sich der Specht. Das heißt nicht, dass ich nicht ab und zu zur Schere greife und zu dichte Bäume auslichte oder einige Äste entferne, die stören oder vergreisen. Mein Nachbar quält nun schon seit Stunden Motorsäge und Bäume in seinem Garten. Ich kann es nicht mehr mit ansehen, ich muss in den Wald, um diesem Elend zu entfliehen. In einer Stunde wird es dunkel sein, doch jetzt ist es noch warm, die Sonne taucht alles in ein goldenes Licht. Im Westen beginnt der Himmel sich schon zu färben. Ich lasse mich am Waldrand auf einem Stein nieder und genieße die letzten, warmen Strahlen der Abendsonne. Etwas unter mir am Waldrand steht ein Haselnuss-Strauch. Die Kätzchen leuchten im Gegenlicht der Abendsonne. Sie blühen schon, obwohl es erst einen einzigen warmen Tag gegeben hat. Am unteren Ende der Wiese, dort, wo die Sonne den Boden noch nicht erreicht, liegen noch dicke Schneefelder.

Die Haselnuss erinnert mich an ein kleines Kind, sie gehört zu den Kindern im Wald. Sie ist die erste, die uns im Frühjahr mit ihren Blütenkätzchen den Frühling, die wärmere Jahreszeit anzeigt. Dabei ist sie so ungestüm wie ein Kind, dass es nicht erwarten kann, und blüht in milden Wintern schon im Januar. Auch sonst hat sie viel mit einem Kind gemeinsam: das Leichte, das Verspielte, was ihren Habitus ausmacht.

Die Haselnuss, *Corylus avellana*, ist kein Baum, sondern ein Strauch, der immer wieder von unten her neue Äste und Zweige treibt. Diese sind sehr biegsam und leicht, sodass wir sie als Kinder immer gern für Pfeil und Bogen hergenommen haben. Sie ist eine zähe und robuste Pflanze, die auch immer wieder aufsteht, wenn ihre Zweige abgesägt werden, wie ein Kind, das laufen lernt. Sie treibt aus ihrem Wurzelstock immer wieder neue Triebe, als gäbe es nichts Leichteres auf der Welt. Auch steht sie immer gerne vorne, am Waldrand, dort, wo Licht ist, wo sie Platz hat. Auch das erinnert an kleine Kinder, die immer vor den Erwachsenen stehen, damit sie sehen können, was auf der Bühne des Lebens passiert. Die Haselnuss ist das Kind des Waldes, verspielt und neugierig, von einer Sorglosigkeit, die oft nur kleinen Kindern eigen ist.

Während ich auf meinem Stein sitze und mir meine Gedanken über die Haselnuss mache, verschwindet die Sonne hinter den Baumwipfeln. Es wird langsam kalt, obwohl die Luft noch mild ist. Nur im Frühling hat die Luft diesen angenehmen, erfrischenden und doch warmen Hauch. Jedenfalls kommt es mir so vor, vielleicht empfindet man es auch nur als so angenehm, weil man noch die eisigen Winde des Winters in Erinnerung hat.

Der Wald erlebt noch einmal eine goldene Stunde. Die letzten Sonnenstrahlen leuchten zwischen den Stämmen, bevor sie ganz verschwinden. Doch Ruhe kehrt noch nicht ein! Die Vögel zwitschern, als wäre es ihr letztes Konzert. Sie scheinen auf keinen Fall schon schlafen gehen zu wollen. Sie zögern es bis zur letzten Minute hinaus. Wenn allerdings die Sonne ganz am Horizont verschwunden ist, wird es auch im Wald ruhiger. Nur hier und da hört man noch eine verirrte Vogelstimme, keckert eine Amsel vor Schreck im Gebüsch. Nur die Kettensäge des Nachbarn stört ab und zu noch die Stille. Er scheint noch keinen Feierabend machen zu wollen. Er hat noch nicht genug. Und wieder frage ich mich, während ich im Dunkeln nach Hause marschiere, und am gegenüberliegenden Hang sich ein prächtiger, alter Apfelbaum mit seiner Silhouette, vor dem noch rot gefärbten Abendhimmel abhebt, warum die Menschen die Schönheit nicht sehen. Warum sie die Pracht, die uns umgibt, nicht wahrnehmen.

Ist es nicht das, was Goethe schon vor langer Zeit schrieb: *Was ist das Schwerste von allem? Was dir das Leichteste dünket: mit den Augen zu sehen, was vor den Augen dir liegt.*

Der Frühling – die Haselnuss

Das Buschwindröschen

Das Standfeste

Aus meiner Kindheit kenne ich die scheinbar endlosen Buchenwälder mit ihren Buschwindröschen. Der Boden ist im Frühjahr bedeckt mit einem Meer aus weißen Sternen, die sich im Wind wiegen. *Anemone nemorosa*, wie das Buschwindröschen botanisch heißt, gehört zur Familie der Hahnenfußgewächse, der *Ranunculaceae,* und breitet sich mit einem waagrecht kriechenden Rhizom hauptsächlich in krautreichen Buchen- und Auenwäldern massenhaft aus.

Sie waren immer etwas Besonders, die Buschwindröschen. Wenn man sie entdeckte, zauberten sie einem immer ein Lächeln aufs Gesicht – der Name lässt es schon vermuten. Rosen sind auch immer etwas Besonderes, nicht umsonst wird die Rose auch als Königin der Blumen bezeichnet. Das Buschwindröschen ist eben nur etwas kleiner, ein Röschen eben, welches sich aber im Busch (Wald, Gehölz, unter Sträuchern) finden lässt, und das sich ganz leicht im Wind hin und her bewegt.

Später, als ich nicht mehr ständig durch die Wälder meiner Kindheit streifte, versuchte ich, in meinem Garten welche anzusiedeln. Der Erfolg war nur mäßig, anscheinend behagte ihnen der Standort nicht. Als wir dann aber in den Bayerischen Wald zogen, entdeckte ich sie wieder, die Freunde meiner Kindheit. Überall wuchsen sie: an Waldrändern, in Wiesenböschungen, unter den Obstbäumen in meinem Garten. Nicht in den Massen und auch teilweise an völlig fremden Stellen, wie ich es kannte, aber eindeutig Buschwindröschen.

Sie sind Kinder der Sonne, ihre Blüten öffnen sich nur, wenn die Sonne scheint. Am Morgen oder abends und bei Regenwetter sind die Blüten geschlossen und neigen sich etwas zur Erde. Ansonsten strahlen sie eine heitere Stimmung und Leichtigkeit aus, die einfach verblüffend ist. Sie helfen, Kummer zu vertreiben. Selbst die Unbilden des März und Aprils mit ihren Wetterkapriolen scheinen sie nicht zu erschüttern. Sie stehen dort in einer Kraft, die einen staunen lässt. Ihre Stiele scheinen sehr weich, sehr elastisch, wie dafür gemacht, sich im Wind zu wiegen. Der Name sagt es schon. Und doch ist es sehr standfest, das Buschwindröschen, sehr kraftvoll in seiner Art, auch wenn es oberflächlich pure Leichtigkeit ausstrahlt. Die Buschwindröschen finden ihre Kraft in ihren Wurzeln. Indem sie fest mit der Erde verbunden sind, können sie eine solche Beschwingtheit an den Tag legen und dennoch kraftvoll da stehen.

Buschwindröschen haben ein ausgeprägtes Wurzelsystem, ein Rhizom, über das sie sich verbreiten. Ihre Kraft kommt aus den Wurzeln, aus der Erde, mit der sie verbunden sind. Und dieser Kraft bedarf es auch, damit es im Frühling schnell ans Licht kommt. Die Zeit, die es zur Verfügung hat, ist kurz. Viel zu schnell bekommen die Bäume ihr Laub und im Wald, besonders auf dem Boden, ist es dann zu dunkel, um wachsen zu können. Dann ist sie vorbei, die Zeit des Buschwindröschens, es zieht sich zurück in seine Wurzeln. Seine Blätter verdorren, wenn die anderen Pflanzen erst so richtig loslegen, zu wachsen beginnen.

Dass die Kraft des Buschwindröschens aus seinen Wurzeln kommt, erkennt man auch daran, dass sich die Blüten in der Vase nicht lange halten. Sie geben dort nur ein kurzes Schauspiel und bereits nach einem Tag sind die Blüten häufig schon verwelkt. Fehlt die Wurzel, ist es mit seiner Kraft schnell am Ende. Das Buschwindröschen ist eine Pflanze des Frühlings, des Beginns, was auch seine weiße Farbe symbolisiert. Weiß steht für Reinheit und Vollkommenheit. Es ist eine Farbe, die mit den Engeln, den Göttern der Antike, die ebenfalls weiß trugen und mit Christus in Verbindung gebracht wird. Es ist die Farbe des Anfangs, der Auferstehung und der Wiedergeburt. Genau wie das Buschwindröschen, welches jedes Jahr zu Ostern seine prachtvolle Auferstehung feiert. Und, wie es scheint, jedes Jahr ein bisschen mehr, zeigen sich noch mehr Blüten. Denn auch die Verbindung mit den anderen Blüten macht das Kraftvolle dieser Pflanze aus. Stehen sie alleine oder nur in einer kleinen Gruppe, wirken sie etwas spärlich, fallen kaum auf. Doch in der Masse, im Verbund, strahlen sie eine Kraft aus, die man weithin wahrnehmen kann. In seiner Art ist das Buschwindröschen genauso kraftvoll wie die mächtige Eiche. Jedoch verbindet es mit der Kraft noch die Leichtigkeit, was der Eiche fehlt. Die Eiche ist sehr schwer und starr, was ihr manchmal auch zum Verhängnis werden kann. Ihre Stärke wird dann zugleich zu ihrer größten Schwäche. Sie muss allen Kräften trotzen und manchmal kann ein Sturm sie dann sehr stark beuteln.

Das Buschwindröschen in seiner Leichtigkeit dagegen kann dem Sturm, den Wetterkapriolen etwas ausweichen. Es muss diesen Kräften, den Stürmen des Lebens nicht entgegentreten. Es kann dort unten, auf dem Boden, geduldig warten, bis der Sturm sich verzogen hat und dennoch in seiner Kraft bleiben und nahezu unbeschadet wieder aufstehen.

Das Gänseblümchen

Das Innere Kind

 Im Frühjahr gehört das Gänseblümchen, *Bellis perennis,* zu den ersten Blüten, die ihre Köpfe der Sonne entgegenstrecken. Sobald die ersten warmen Sonnenstrahlen den Boden erreichen, sind sie da. Erst hier und da, dann überall. Es ist eine Pflanze, an der wir meist achtlos vorübergehen. Bestenfalls jetzt im Frühjahr entlockt sie uns einen Ruf: *„Schau mal, die Gänseblümchen sind auch schon da!"* Vielleicht, weil es allgegenwärtig ist und in Massen auftritt, nehmen wir es nicht mehr bewusst wahr. Es ist bescheiden, das Gänseblümchen, nicht so aufdringlich wie eine Rose oder gar eine Pfingstrose, die einem sofort ins Auge stechen, die bewundert werden wollen. Aber sie haben auch nicht so viel Zeit wie das Gänseblümchen, ihre Blütezeit ist nur kurz. Ihre Pracht ist schnell vorbei, sie müssen sich ins Zeug legen. Doch das Gänseblümchen hat alle Zeit der Welt, so scheint es, denn es blüht den ganzen Sommer über, bis zum ersten Schnee. Selbst in milden Wintern ist es noch zu sehen. Es ist in gewisser Weise wie die Kinder: Auch für sie spielt Zeit keine so große Rolle. Auch sonst erinnert so manches am Gänseblümchen an kleine Kinder. Diese kleinen, weißen Blütenköpfe mit ihrer gelben Mitte, strahlen pure Freude aus, eine gewisse Sorglosigkeit und Verschmitztheit, wie man sie eben von Kindern her

kennt. Vielleicht sitzen diese deshalb so gerne inmitten der Gänseblümchen und spielen, winden Kränze und pflücken Sträuße. Auch dieses Unbekümmerte, dieses Verspielte haben sie gemeinsam.

Gänseblümchen sind Stehaufmännchen. Selbst wenn man ihnen mit dem Rasenmäher zu Leibe rückt, sind sie in ein bis zwei Tagen wieder da – in ihrer unbekümmerten Freude, als ob sie einem die Mahd nicht übelnehmen würden.

Sie stehen für Lebenslust und -freude, selbst wochenlanger Regen macht ihnen nichts aus! Ihre weiße Farbe erinnert an Unschuld und Reinheit. Und auch da ist wieder die Verbindung zu den Kindern, die auch noch nichts von den Höhen und Tiefen des Lebens wissen. Und doch scheint es, als wüsste das Gänseblümchen dies alles. Es scheint uns zu sagen: *„Steh wieder auf, es ist nicht so schlimm, es ist alles ein Spiel, und morgen sieht die Welt schon wieder anders aus. Das Leben ist viel zu schön für Trübsal. Schaut euch die Sonne an! Die Vögel zwitschern, und der Tag ist wunderschön. Spielt mit uns, vergesst eure Sorgen!"*

Deshalb verwendet man das Gänseblümchen in der Naturheilkunde zur Heilung des Inneren Kindes. In der Homöopathie dient es der Heilung tiefer, seelischer Wunden.

Die Küchenschelle

Der Kessel der walisischen Göttin Kerridwen

 Auf einem der schönsten Berge Niederbayerns, dem Bogenberg, an dessen Fuße die Donau entlangzieht – der kraftvolle Fluss, der seinen Namen von einer irischen Göttin erhielt, Dana, der Hüterin des blauen Volkes, des Königreichs der Elfen und Feen, der Zwerge und Kobolde – findet man sie noch: die Küchenschelle. *Pulsatilla vulgaris,* ein Hahnenfußgewächs, erscheint dort im zeitigen Frühjahr auf den felsigen Hängen. Der Bogenberg ist nicht nur geologisch eine Besonderheit, auch das Klima ist hier außergewöhnlich. Der nach Süden hin zur Donau abfallende Felshang zeichnet sich durch Weinbauklima aus. Und das am Fuße des Bayerischen Waldes, wo in einigen Kilometern Entfernung mit Hirschenstein, Pröller und Predigtstuhl schon die ersten Tausender zu finden sind! Wenn auf diesen Bergen noch der Schnee liegt, dann erscheinen auf dem Bogenberg schon die ersten Blüten. Auf diesem Felshang findet man viele botanische Besonderheiten, unter anderem auch die Kuh-oder Küchenschelle. Man fragt sich, wie etwas derart Schönes an einem derartigen kargen Standort, mitten im Fels, überhaupt wachsen kann. Doch sie ist ein Kind der Berge, kommt mit einigen Arten in den Alpen vor. Sie wächst aber auch in unserem Garten. An trockenen Stellen kann sie ihre ganze Pracht entfalten und vermehrt sich durch Samen sehr gut. Obwohl die normale oder Gewöhnliche Küchenschelle, wie der Name *vulgaris* es sagt, eigentlich nichts Besonderes ist, ist sie heute dennoch sehr stark vom Aussterben bedroht. Der Gattungsname *Pulsatilla* kommt vom lateinischen *pulsare*: schlagen, stoßen. Dies soll auf die oft glockenförmigen Blüten hinweisen, was der deutsche Name Kuhschelle auch ausdrückt. Und in der Tat erinnert die Form der tief lilafarbenen Blüten an eine Kuhglocke. Mir kommt es oft so vor, als wollte uns diese Pflanze aus dem Winterschlaf wecken, uns sagen: *„Jetzt schaut mal, die Sonne scheint wieder, werdet mal wieder wach, freut euch mal wieder des Lebens."* Da die Küchenschelle ein Hahnenfußgewächs ist, ist sie giftig. Doch viele alte Heilpflanzen sind giftig. Die Dosis machts, wie Paracelsus schon sagte. So ist *Pulsatilla* ein beliebtes homöopathisches Mittel, das vielfältig verwendet wird. Man setzt es ein bei Verdauungsbeschwerden und bei hormonellen Störungen in den Wechseljahren, aber auch bei akuten Menstruationsbeschwerden. Ebenso wird es bei Erkältungen und rheumatischen Leiden verordnet.

Die Küchenschelle ist somit eine Pflanze der Heilung, der Transformation und der Wandlung. Die Blütenglocke erinnert mich immer an den Kessel der Heilung der sagenumwogenen walisischen Göttin Kerridwen. Und wer Kuhglocken kennt, dem fällt auch hier die Verbindung zu einem Kessel nicht schwer. Man muss sie nur umdrehen. In diesen Kessel der Heilung kamen die Heilkräuter des ganzen Jahres und die Brühe, der Sud musste ständig umgerührt werden. Das war anstrengend, doch so konnte alles verwandelt werden, alles heilen. Die Küchenschelle zeigt uns jedoch noch einen anderen Weg der Heilung, welches die Farbe Lila und die Samenfäden der Pflanze symbolisieren, dass Heilung nämlich auch einfach, auch leicht sein kann. Die Mitte der Blütenglocke zeigt ein sattes Gelb, die Staubfäden leuchten geradezu. Aus der Glocke wird dann später, wenn sich die Blütenblätter weiter öffnen eine Art Stern – und in der Mitte strahlt es dann noch immer gelb. Wie bei der Sonne, um die sich alles dreht. Und die Sonne strengt sich auch nicht an. Sie scheint einfach, und alles ist leicht. Später laufen an diesem Punkt die Samenfäden zusammen, die wie kleine Spinnwebfäden wirken.

Die Küchenschelle ist ein Kind der Sonne. Eine Pflanze, die einem dabei hilft, sich nicht zu verlieren, sich nicht in den Spinnfäden des Lebens zu verheddern. Sie hilft uns in unserer Mitte zu bleiben, in uns zu ruhen und kraftvoll zu sein. Wie eben die Küchenschelle, die auch an steinigen und kargen Standorten wächst und sich zu einer Zeit im Frühling ans Licht wagt, zu der viele andere lieber noch in der warmen Erde bleiben.

Die Schlüsselblume

Die Himmelsschlüssel der Göttin

 Immer wieder bin ich fasziniert, welche Blumen ich hier in freier Wildbahn finde, die ich sonst nur aus dem Garten kenne. Und dazu gehören jetzt im Frühjahr auch die Schlüsselblumen, *Primula veris*. Unter Obstbäumen, an Waldrändern und im Gebüsch tauchen die munteren Gesellen jetzt überall auf. Hier im Bayerischen Wald, wo die Landwirtschaft an vielen Stellen noch nicht so intensiv betrieben wird, hat sich die Schlüsselblume noch sehr gut halten können. Sie mag keine allzu intensiv gedüngten Flächen, und die frühe Silomahd ist für sie, wie für viele andere Wiesenblumen, der sichere Tod. Sie haben dann kaum Zeit für ihre Entwicklung. Im Bayerischen Wald finden sich aber noch Stellen, an denen höchstens mit Mist gedüngt wird, oder steile Hänge und Böschungen, die nicht so oft gemäht werden. Man kann nur hoffen, dass sich das in nächster Zeit nicht allzu sehr verändert, denn sonst sind die letzten Schlüsselblumenwiesen wohl auch bald verschwunden.

Gestern Abend habe ich eines dieser Kleinode entdeckt. Etwas abseits der Straße fällt das Gelände zum Wald hin ab. Kein Wanderweg führt vorüber, so dass diese Stelle weitgehend unentdeckt bleibt. Sehr zur Freude der Schlüsselblumen, die dort ein ungestörtes Leben haben, keine „Blumenliebhaber", die sich fleißig Sträuße für den Küchentisch pflücken. Sie meinen zwar immer, sie nähmen doch nur ein paar, aber wenn das jeder Vorüberziehende machen würde, dann wäre die gelbe Pracht schnell verschwunden. Doch es gibt sie noch, diese seltenen Stellen, weil sie eben kaum jemand findet. Nur Wenige wissen von diesen Plätzen, behalten es aber für sich, weil ihnen die Pflanzen am Herzen liegen.

Sie begeistern mich immer wieder, die Schüsselblumen, wenn sie im Frühjahr mit ihren glöckchenähnlichen Blüten die Wiesen und Wälder verzaubern. An Böschungen und unter Obstbäumen bilden sie teilweise dichte Teppiche. Himmelsschlüssel werden sie in Bayern auch genannt.

Und sie haben ohne Zweifel etwas von einem Schlüssel, wenn man ihre Blüten genau betrachtet, vielleicht sogar den Schlüssel zum Himmel. Diese Pflanze schenkt Vertrauen, Vertrauen in das Leben, in das leichte und freudige Leben, denn sie gehören, wie die Gartenprimeln, zur Familie der *Primulaceen*, der Primelgewächse. Diese verströmen im Frühjahr mit ihren bunten Farben die Lebensfreude schlechthin. Die Schlüsselblume gibt uns das Vertrauen, dass es gut ist, wie es ist, und sie nimmt uns die Schwere, das Leid. Gelb ist die Farbe des Frühlings, der Sonne und der Schöpferkraft. Gerade im Frühling, wenn die Natur erwacht und alles neu entsteht, spricht uns diese Farbe besonders an. Viele der im Frühling blühenden Blumen sind gelb: Sumpfdotterblumen, Scharfer Hahnenfuß, und natürlich der Löwenzahn, der mit seinen gelben Blüten ganze Wiesen färbt. Wir saugen diese Farben in uns auf. Auch das erste Grün des Frühlings enthält viel

Gelb. Der Maler mischt es aus den Farben Schwarz und Zitronengelb. Ein wunderschönes, zartes Grün. Es sind die Farben des Erwachens, des Neuanfangs, die Farben der Freude und der Hoffnung auf einen schönen und scheinbar unendlich langen Sommer, der noch vor uns liegt. Es sind auch die Farben des Erzengels Raphael, der, den alten christlichen Mythen zufolge, den Frühling mit seiner Kraft begleitet.

Die Blätter der Schlüsselblume bilden eine Rosette, aus der die Blüten entspringen. Es bilden sich immer wieder kleine Rosetten, die dann ebenfalls neue Blüten hervorschieben. Neben Samen, die durch den Wind verbreitet werden (bei Luftbewegung werden die Samen aus den auf langen Schäften stehenden „Schüttelkapseln" verstreut), ist dies die Hauptvermehrungsart dieser Pflanze. Ihre Kraft, die Blüte, scheint aus der Mitte zu entspringen, aus sich selbst heraus, aus ihrem Inneren. Und ist das nicht auch bei uns Menschen so? Sind wir in unserer Kraft, in unserer Mitte, dann erschüttert uns so schnell nichts. Dann erleben wir so etwas wie den Himmel auf Erden. In solchen Situationen fällt uns das Leben leicht, wir können es mit Freuden meistern. Eben wie die Schlüsselblume, die ihre Blütenstängel leicht im Wind bewegt und der selbst leichte Fröste im Frühjahr nichts anhaben können.

Die Ulme und das Lungenkraut

Der Platz zum Leben

 Als wir in den Bayerischen Wald kamen und ich zu Beginn meiner Zeit hier oben auf „meinem" Berg die Landschaft und den Wald erkundete, war ich überrascht, was es hier alles für Bäume gab: Tannen und Fichten, Kiefern und Eichen, auch Buchen und Lärchen, die kannte ich, die findet man noch sehr häufig. Aber Ahorn und Linden, sogar eine Ulme, die sucht man an vielen Orten vergeblich. Sie sind nicht alltäglich, sie sind etwas Besonderes. Gerade die Ulmen sind bei uns sehr selten geworden, da sie etwa seit den zwanziger Jahren des vorigen Jahrhunderts einem Pilz zum Opfer fallen, der die Leitungsbahnen der Bäume verstopft. Dieser Pilz wird von einem Käfer übertragen, dem Ulmensplintkäfer. Der Käfer bzw. der Pilz hat sich von Holland aus über das ganze Land verbreitet und ihm sind jahrhundertealte Bestände zum Opfer gefallen. Ulmen können sehr alt werden, bis zu 500 Jahre und bilden mächtige Baumgestalten, ähnlich den Eichen. Der Käfer und der Pilz wüten heute immer noch und deshalb sind die Ulmen sehr selten geworden. Wie war ich da überrascht, als ich hier im Wald noch eine Ulme entdeckte! Kein riesiges Exemplar, aber doch schon ein stattlicher und großer Baum, wahrscheinlich älter als ich. Bei uns ist die Bergulme, *Ulmus montana* oder *Ulmus glabra*, zuhause. An der Donau, im Bereich der Isarmündung, findet man mehr die Flatterulme, *Ulmus laevis*. Eine weitere bei uns vorkommende Ulme, aber mehr im Flachland zuhause, ist die Feldulme, *Ulmus campestris*.

Davon gab es früher prächtige Alleen und einzelne, imposante Baumgestalten auf weiter Flur. Doch heute ist das längst Vergangenheit.

Die Ulme ist für mich ein Baum der Kommunikation und der Leichtigkeit. Sie blüht schon im zeitigen Frühjahr und ihre Samen, die Flügelnüsse, erscheinen noch vor dem Laubaustrieb. Spätestens jetzt fällt die Ulme auf und so habe ich noch einen weiteren Baum, etwas kleiner, aber eindeutig eine Ulme, im Wald entdeckt. So etwas ist sehr selten in der Pflanzenwelt und sie erinnert mit ihrer schönen Samenpracht ein bisschen an die Baumriesen der Tropen und Subtropen, die ebenfalls noch vor dem Laubaustrieb prächtig blühen. Nur sind es, wie gesagt, bei der Ulme die Samen, nicht die Blüten, die auffallen. Die Ulme ist etwas Besonderes in unseren Breiten und deshalb wird sie schon seit ewigen Zeiten dem Götterboten Merkur zugeordnet, dem, der die Welten verbindet, Himmel und Erde. Dem, der immer einen Weg findet. Der ungewöhnliche Wege geht, damit er ans Ziel kommt. Dem immer schnell und gewandt etwas einfällt, der immer eine Lösung zur Hand hat.
… da vollbringt Merkur mit List und Leichtigkeit die schwierigsten Aufgaben. Nichts zwingt ihn nieder! Der Gott mit den geflügelten Schuhen, der alle Wege kennt, findet immer wieder neue Wege des Denkens, Tuns und Handelns. Er schafft neue Beziehungen, wo alte nicht mehr fruchten und hält alles in Fluß, was zu stocken droht. [*]

---

[*] *Scheffer, Storl: Die Seelenpflanzen des Edward Bach*

Und so ist auch die Ulme ein Baum der Leichtigkeit, ein Baum, der verbindet, die Welt der Menschen mit der Welt der Naturgeister, der Ahnen, der Unterwelt, wie man es früher etwas düster formuliert hat. Doch die Unterwelt, die Welt unter der Erde, ist nur das, was wir nicht sehen können. Wir können auch die Wurzeln der Pflanzen in der Erde nicht sehen und da braucht man manchmal jemanden, der uns da vermittelt, uns die Augen öffnet. So wie ein Dolmetscher zwischen zwei Sprachen vermittelt. So kann man sich dann wieder verstehen, ist eine Kommunikation möglich. Und Kommunikation, echter Kommunikation, bedarf es immer dann, wenn zwei Welten, zwei Gegensätze aufeinanderprallen. Dann bedarf es der Worte, dann bedarf es eines Vermittlers, der alles wieder verbindet, erklärt, damit der eine die für ihn ungewöhnliche Sichtweise des anderen versteht, akzeptiert und annehmen kann. So ist die Ulme auch ein Vermittler, ein Baum der Akzeptanz und des Friedens. Wenn ich etwas sehe, etwas annehme, dann kann ich auch einen neuen Weg, eine neue Lösung finden, eine andere Möglichkeit, damit umzugehen. Kämpfe ich, will ich es nicht sehen, dann ist es anstrengend und schwer, dann brauche ich enorm viel Kraft. Und so gehört auch die Leichtigkeit, der Spaß, das Gewitzte zur Ulme, zu ihrer Kraft, die sie an uns weitergibt. So war der Götterbote Merkur, bei den Griechen Hermes, in der Antike nicht nur der Gott der Heiler und der Ärzte, nein er inspirierte auch Ganoven und Gauner, Politiker und fahrende Händler.

Edward Bach stellte aus der englischen Ulme, *Ulmus procera*, eine Bachblüte her, die er entdeckte, als ihm seine Aufgabe über den Kopf zu wachsen drohte. Sie brachte ihm die Leichtigkeit zurück. Die Ulme verbindet uns wieder mit unserem Höheren Selbst, mit dem Herzen, damit wir wieder gelassen und mit Freude unsere Aufgaben erfüllen können. Die Ulme, allem voran die Ulmenrinde, ist ein altes Heilmittel, das man schon in der Antike kannte. Der darin enthalte Schleim,

Der Frühling – die Ulme und das Lungenkraut

die Gerb- und Bitterstoffe wirken auf die Schleimhäute des Mund- und Rachenraumes sowie auf die Magen- und Darmschleimhaut entzündungshemmend.

Kommt man im Frühjahr an den Platz, an dem die Ulme im Wald steht, dann findet man zu ihren Füßen lauter Lungenkraut, *Pulmonaria officinalis*. Das sind zwei, die gut zusammenpassen. Das Lungenkraut, eine Pflanze, die mit ihren lila bis rosafarbenen, glockenförmigen Blüten ebenfalls Leichtigkeit symbolisiert. Aber auch Freude und Spaß am Leben, wie viele andere Frühjahrsblüher auch, die zu dieser Zeit im Wald zuhauf wachsen. Die Freude, der Neubeginn, der zu keiner Zeit so kraftvoll ist wie im Frühling. Pure Lebenskraft! Und die steckt auch im Lungenkraut: Pure Lebenskraft, wie der Name es schon sagt. Können wir nicht richtig atmen,

geht uns die Luft aus, dann verlieren wir schnell an Kraft. Nimmt uns etwas die Luft zum Atmen, schnürt uns etwas den Hals zu, die Luft ab, dann sind wir gefangen. Bekommen wir keine Luft mehr, wie der Volksmund so schön sagt. Die Lunge ist eines unserer wichtigsten Organe. Und so steht die Lunge und das Lungenkraut für unseren Platz im Leben, den Raum, den wir einnehmen: für unseren Freiraum, den Spaß am Leben, die Freude. Haben wir einen sicheren Stand, genug Raum und Luft zum Atmen, dann geht es uns gut, dann ist das Leben leicht und voller Freude. So hat die Signaturlehre aufgrund der länglichen Blätter, die den Lungenflügeln ähneln, das Lungenkraut immer schon der Lunge und den Lungenleiden zugeordnet. Auch die Lunge ist ein Gebiet, wo der Götterbote Merkur zu

Hause ist. In alten Kräuerbüchern ist das Lungenkraut allerdings kaum zu finden, auch der Gebrauch in der Volksmedizin ist eher selten. Obwohl es aufgrund seiner Inhaltsstoffe sowohl bei Erkältungskrankheiten als auch bei Magen- und Darmerkrankungen reizlindernd wirkt. Doch es enthält auch Stoffe, die nicht so bekömmlich sind, weshalb es sicher weniger verwendet wurde, denn es gibt bei akuten Beschwerden im Magen- und Darm- bereich sowie bei Husten und Erkältungen geeignetere Pflanzen. Man rät allgemein von der Verwendung des Lungenkrautes als gewöhnliche Heilpflanze ab. Doch wie die Ulme wählen heute viele Menschen andere Wege, ungewöhnliche Wege. Man nutzt die Pflanzen heute anders, als Bachblüte, als homöopathisches Mittel, sowie als Blütenöle und -essenzen. Die Energie der Pflanze, ihre Kraft, steht im Vordergrund, es bedarf nicht immer eines Tees oder Auszugs. Neue Wege gehen, leichtere Wege. Da reicht es oft, wenn man in den Wald geht und die Stimmung, die Pflanze, die Situation auf sich wirken lässt. Dann hilft uns das Lungenkraut, unseren Platz im Leben einzunehmen, uns den Raum zu schaffen, in dem wir uns sicher und geborgen fühlen, in dem wir glücklich sind und befreit aufatmen können. Es gibt uns die Kraft, das zu schaffen, uns den Raum zu schaffen, denn das können wir nur selbst, das kann uns keiner abnehmen. Keiner außer uns selbst weiß, was wir wirklich brau- chen!

Der Löwenzahn

Der Löwe unter den Pflanzen

 Das ganze Frühjahr über beobachte ich schon, dass der Löwenzahn, *Taraxacum officinalis,* in meinem Garten zugenommen hat. Nicht nur in der Wiese, wo er zu Beginn unserer Zeit nur vereinzelt aufgetreten ist, auch in den Beeten und im Rasen. Vor dem Haus, auf dem Kiesstreifen, hat er schon sehr früh im Jahr geblüht. Die Pflanzen kommen zu den Menschen, heißt es. Und mir ist schon lange klar, dass er mir etwas sagen will, dass er nicht umsonst in solchen Mengen in meinem Garten auftaucht. Doch irgendwie fällt es mir schwer, mich mit ihm auseinanderzusetzen. Ich denke schon lange, ich sollte auch über ihn schreiben. Doch es ist im Moment eher ein Kampf, ein „auseinander setzen".

Eigentlich mag ich den Löwenzahn, ich liebe die gelben Wiesen im Frühjahr. Obwohl Gelb eigentlich nicht meine Farbe ist, spricht mich dieses warme, fast etwas ins Ocker gehende Gelb an. Es ist ein Sonnengelb, und die Löwenzahnwiesen im Frühjahr erinnern immer etwas an das warme und strahlende Gelb der Sonne. Als würde mit diesen Wiesen zu Ehren der Sonne, zu ihrer Begrüßung im Frühjahr ein Fest gefeiert. In freier Landschaft faszinieren mich diese Wiesen, doch in meinem Garten, im Rasen, finde ich ihn störend. Er passt nicht zu den Gänseblümchen, und im grünen, ruhigen Rasen, der ein Ruhepol zu den benachbarten, bunten Beeten ist, fällt er unangenehm auf. Es liegt wohl an seiner gelben, etwas aufdringlichen

Farbe. Gelb ist eine optimistische Farbe und spiegelt das Grundbedürfnis wieder, sich zu entfalten. Auch das liegt im Löwenzahn, die Entfaltung. Er breitet sich überall aus und mit seiner Unmenge an Samen, fällt ihm das leicht. Obwohl die Samen vom Wind leicht dahingleiten und es eher spielerisch wirkt, entfaltet er in seinem Ausbreitungsdrang Löwenkräfte. Er ist sehr stark in seiner Verbreitung, was man an den Wiesen unschwer erkennen kann.

Er blüht im Frühling mit einer unbändigen Kraft, zu einer Zeit, in der alles vom Licht, von der Sonne dominiert wird. In einer Zeit des Wachstums, der Freude und Entwicklung. Der Löwenzahn bringt nach der kargen Zeit des Winters Kraft. Er tankt die Sonne und lagert sie in seinen Wurzeln ein. Das bringt ihm die Kraft, sich immer wieder zu entfalten, auch wenn er abgemäht oder abgefressen wird. Er ist sofort wieder da. Will man ihn loswerden, dann muss man ihn an seiner Wurzel packen.

So liegt auch in den Wurzeln seine Kraft und Heilwirkung. Er aktiviert den Stoffwechsel und bringt den ganzen Körper in Schwung. Er gehört zu den typischen, entschlackenden Kräutern in der Frühjahrskur. Er reinigt und baut auf, stärkt die Leber mit seinen Bitterstoffen, er weckt praktisch Löwenkräfte.

Die Kräuter oder Heilpflanzen sind eigentlich die Pflanzen, die uns stärken, uns helfen, bis wir den nächsten Schritt in unserem Leben vorwärts machen können. Die uns helfen, aus unseren Krankheiten und

vermeintlichen Schwächen die Lehren zu ziehen, um dann das Ganze hinter uns zu lassen und voranzugehen. Besonders der Löwenzahn ist solch eine Pflanze, die uns erst stärkt, damit wir dann loslassen können.

Loslassen ist eigentlich nur ein anderes Wort für annehmen, akzeptieren. Denn erst, wenn wir etwas akzeptieren, dann können wir es zu uns nehmen. Dann müssen wir es nicht verdrängen und wegschupsen. Denn dann gewinnt es nur an Kraft, zeigt sich uns wieder und wieder. Durch das Annehmen entsteht eine neue Situation, eine neue Möglichkeit damit umzugehen. Holen wir es zu uns, dann gehört es dazu und kann sich lösen, wie die einzelnen Samenfäden des Löwenzahns. Dann können wir loslassen, wenn wir es nicht mehr brauchen. Somit symbolisiert der Löwenzahn mit seinen Samen das Loslassen in seiner höchsten Form. Es ist kein Kampf, sondern ein spielerisches Dahingleiten im Wind. Diese Pflanze zeigt uns, dass Loslassen eine Freude, eine Befreiung sein kann, und dass nichts verloren geht, sondern in vielfältiger Form und an den unmöglichsten Stellen wieder auftaucht.

Deshalb aktiviert er erst einmal mit seinen Inhaltsstoffen auch die Leber und regt den Gallenfluß an. Er harmonisiert und schafft ein Gleichgewicht zwischen Festhalten und Loslassen. Und er zeigt uns, dass am Ende ein Loslassen wichtig ist, damit sich das Neue, der neue Samen entfalten und „Früchte" tragen kann.

Der Frühling – der Löwenzahn

Die Gundelrebe

Das Kraut der Hexen

 Die auch als Gundermann, *Glechoma hederaceae,* oder Erdefeu bezeichnete Pflanze findet man auf nährstoffreichen, weitgehend naturbelassenen Flächen, in der Nähe von Hecken, an Wegesränder, auf frischen Wiesen und unter Bäumen bzw. in lichten Laubwäldern. Vor allem in natürlich bewirtschafteten Gärten ist sie häufig zu finden. So auch in meinem Garten, doch es hat eine Weile gedauert, bis wir uns miteinander angefreundet haben.

Die Gundelrebe ist eine sehr alte Pflanze, die schon den Germanen bekannt war und bei ihnen hoch geschätzt wurde. Sie war wichtiger Bestandteil der Gründonnerstagssuppe, einer rituellen Speise, die neun Frühlingskräuter enthalten musste. Nach dem kargen und entbehrungsreichen Winter brauchten die Menschen früher das erste Grün der Natur dringend als Vitaminlieferant, besonders um dem Skorbut, einer Vitamin-C-Mangelerkrankung zu begegnen. Die Zusammensetzung dieser Suppe war landläufig sicher verschieden, doch sie enthielt neben Gundelrebe meist auch Brennnessel, Giersch, Gänseblümchen und Scharbockskraut. Die Kräuter eben, die schon sehr früh, fast mit der Schneeschmelze erscheinen. Die Gundelrebe kann man im Winter sogar noch unter dem Schnee finden. Diese Suppe war kräftigend und nährend und wurde wahrscheinlich in Milch gekocht. Sie enthielt nach Hildegard von Bingen die so wichtige Grünkraft, die Kraft, die Nahrung aus dem grünen Kraut. Dem

Menschen damals war diese Kraft heilig, und sie wurde entsprechend gewürdigt und gefeiert. Ansätze findet man heute noch: So ist die Frankfurter Grüne Soße eine Abwandlung der Gründonnerstagssuppe, die ebenfalls aus neun, manchmal auch aus sieben Kräutern besteht und traditionell am Gründonnerstag gegessen wird.

Die Gundelrebe ist eine eher unscheinbare Pflanze, die wenigsten kennen sie. Mit ihren kleinen, rundlichen bis nierenförmigen Blättern fällt sie im Grün der Wiese kaum auf. Sie ist eine kleine, leise Pflanze, doch von ungeheurer Kraft. Ihre Triebe können sehr lang werden, und damit schlängelt sie sich überall hin, heimlich, still und leise. Deshalb wird sie häufig auch mit dem Efeu verglichen und heißt darum auch in manchen Gegenden Erdefeu. Mit diesen langen Trieben wurden in früherer Zeit Kränze gewunden, die man zu traditionellen Festen, wie zum Beispiel der Walpurgisnacht, auf dem Kopf trug. Das sollte die Hellsichtigkeit fördern.

Die Gundelrebe gehört zur Familie der *Lamiaceae,* der Lippenblütler, was sehr deutlich an ihren kleinen, blauen Blüten zu erkennen ist. Diese erscheinen vom Frühjahr an, fast das ganze Jahr hindurch.

Betrachtet man die Blüten etwas genauer, so wirken sie etwas keck, besonders durch die kleinen, lila Flecken, die auf der Unterlippe der Blüte sitzen und zur Mitte, zum Kelch hin dunkler werden. Sie hat etwas Feines, Zartes, die Blüte. Eine gewisse Leichtigkeit, die schon fast an Sorglosigkeit grenzt. Sie strahlt Klarheit aus und wirkt beruhigend und sanft, was sicher auch an ihrer hellblauen Farbe liegt. Blau ist die Farbe des Himmels und der Meere. Ein Element der Ruhe und der Meditation, aber auch eine Farbe der Sehnsucht, der Weite des Meeres, der Ferne, vielleicht auch der Träume.

So führt uns auch die Pflanze in die Ferne, in die Sehnsucht in uns drinnen. Sie erzeugt Stille ohne Langeweile und zeigt uns das Leise, das Kleine und Zarte in uns. Führt uns zu unserer Wahrheit, zu unseren Sehnsüchten und Gefühlen, den Stellen in uns, die so oft im Verborgenen bleiben. Sie ist nach altem Wissen eine Pflanze, die die Hellsichtigkeit fördert. Und was ist Hellsichtigkeit anderes, als die Wahrheit zu erkennen, die Wahrheit in uns selbst, die eigenen Träume und Wünsche?

Nicht umsonst war Blau die Symbolfarbe der Romantik. Blau gilt aber auch als die Farbe der Treue und der Beständigkeit. Sie ist die Farbe des Geistes und der Götter, des Märchenhaften und des Wunderbaren. Es ist die Farbe, die neben Grün beruhigend wirkt. Genauso ist Blau aber auch eine Farbe, die uns rätselhaft anzieht, wie das blaue Meer und die in der Ferne stehenden Berge. Blau empfinden wir als die kälteste Farbe; helles Blau wirkt frisch und kühl, besonders, wenn es Weißanteile enthält. Der Gegenpol zu Blau ist Rot, die Farbe des Blutes. Wird Blau mit Rot gemischt, dann wird die Farbe wärmer und geht hin bis zum feierlichen Violett *. All diese Farben enthält die Blüte der Gundelrebe, aber so, als hätte eine vorwitzige Elfe

mal eben mit dem Pinsel etwas herumgespielt. Die Gundelrebe selbst ist auch sehr verspielt, so wie sie sich mit ihren Trieben durch die Gegend schlängelt, mit ihren Endspitzen immer nach oben zeigend.

Der Gundermann, wie diese Pflanze noch genannt wird, ist eine alte Heilpflanze, die schon bei den Germanen hohes Ansehen genoss. Sie galt als Verkörperung eines guten Seelengeistes, worauf ihre zweite Silbe „mann" hindeutet. Vielleicht ein Elfen- und Feenkraut? Die erste Silbe „Gund" bezieht sich auf ihre Heilwirkung. Der Gehalt an ätherischen Ölen, Gerb- und Bitterstoffen macht sie zu einem Mittel gegen Wunden und Atemwegserkrankungen. Das war bereits Hildegard von Bingen bekannt. „Gund" bedeutet im germanischen Flüssigkeit, auch Körperflüssigkeit, und wurde oft mit Eiter in Verbindung gebracht. Deshalb verwendete man den Gundermann bei langwierigen und schlecht heilenden Wunden.

Er ist auch Bestandteil eines Wundheilungstees, des sogenannten Schweizer Tees, der als Stärkungsmittel eingesetzt wird. Man nimmt ihn bei Belastungen aller Art, eben schlecht heilenden Wunden, auch innerlichen Wunden, seelischen Wunden.

Die Gundelrebe bringt die Leichtigkeit, die Verspieltheit zurück ins Leben. Heilt die „alten" Wunden und bringt den Platz, den Raum zum Leben zurück, indem sie alle Entzündungen der Atemwege heilt. In Milch gekocht, ist sie ein gutes Mittel gegen Bronchialerkrankungen.

---

* Heide Rau, Der sinnliche Garten

Der Kriechende Günsel

Die kraftvolle Lanze

 Der Kriechende Günsel, *Ajuga reptans*, gehört ebenfalls zur Familie der *Lamiaceae*, der Lippenblütengewächse. Die 15 bis 30 cm hohe Pflanze, die sich durch oberirdische Ausläufer vermehrt, besticht im Frühjahr mit ihren blauvioletten Blütenkerzen. Kraftvoll und auffällig steht sie da, mit ihren aneinandergereihten Blüten. Diese wie kleine Lanzen wirkenden Blütenstände bestehen eigentlich aus kleinen, lippenblütigen Blüten, doch das erkennt man erst beim näheren Betrachten. Ähnlich wie bei der Gundelrebe bringt auch hier das Kleine und Zarte, die kleine, lilablaue Blüte in ihrer Gesamtheit das Kraftvolle, das Klare. Der Günsel ist eine Pflanze, die uns Klarheit bringt. Mit der Klarheit kommt die Kraft, die Standfestigkeit, das Zentrierte in der Mitte, was er mit seinen starren Blütenkerzen so vollendet zeigt. Er besitzt nicht das Leichte der Gundelrebe, er will uns klar und deutlich zeigen, wo unser Platz ist und bringt uns das Wissen und die Standfestigkeit, diesen Platz zu behaupten. An diesem Platz, unserer Mitte, unserem Raum festzuhalten und dort zu leben.

Der Günsel ist eine Pflanze, die früher auch als Heilpflanze Verwendung fand. Er wurde aufgrund seiner Inhaltsstoffe (Gerbstoffe, Saponine und Glycoside) bei Erkrankungen im Mund- und Rachenraum angewandt. Von Bedeutung sind hierbei auch seine Wirkung gegen Bakterien und Viren. Auch die Fähigkeit zum Neutralisieren von Giften wird dem Günsel zugesprochen.

Man verwendet ihn äußerlich als Wundkraut, zur Behandlung von Narben und Geschwüren. Innerlich, als Tee getrunken, hat man ihn früher auch bei Leberleiden eingesetzt. Außerdem wird ihm eine beruhigende Wirkung nachgesagt. Ist man in seiner Mitte, dann kommt man auch zur Ruhe, dann können einem die Stürme des Lebens nicht mehr so viel anhaben. Dann steht man kraftvoll da wie der Günsel. Den deutschen Namen Günsel erklärt man sich vom lateinischen *consolidae* (Beinheil). Er soll zu den Kräutern gehören, die bei Knochenbrüchen heilend wirken. Wahrscheinlich bezieht sich dies eher auf die heilende Wirkung des Günsels überhaupt, die Heilung von seelischen, schlecht heilenden Wunden. In Bayern kennt man eine Redensart für etwas, was von Grund auf nicht stimmt, wenn die Dinge tiefer liegen: „Da fehlt es vom Knochen an".

Diese kleinen, zarten und doch kraftvollen Gewächse der Familie der *Lamiaceae* (Günsel, Gundelrebe und Kleine Braunelle) gehören für mich zu den Kräutern, die vor allen Dingen die Seele heilen, tiefe Wunden heilen. Mit ihrer blau-lila Farbe symbolisieren sie das heilende Licht der Erzengel. Früher galten diese blaublütigen Frühlingspflanzen häufig auch als Gewitterpflanzen. In der Nähe des Hofes mussten sie stehen, da sonst Haus und Hof von Blitzschlag bedroht waren. Und auch unsere Seele kennt diese Blitzschläge, die Schläge und Wunden, die uns das Leben zufügt, wenn wir wieder einmal in ein Gewitter des Lebens geraten sind.

Die Kleine Braunelle

Die Kleine, die das Wasser liebt

 Eigentlich ist die kleine Braunelle, *Prunella vulgaris*, eine Pflanze, die zum Sommer gehört, denn ihre kleinen, blauen Blüten erscheinen erst später im Jahr, um die Sommersonnenwende. Doch sie ist die Dritte im Bunde der kleinen lila bis blau blühenden Lippengewächse, die ausgesprochen heilend auf das Gemüt der Menschen wirken. Indem sie uns unsere Wahrheit zeigen (Gundelrebe), uns in unsere Mitte führen und uns Kraft geben (Günsel) oder uns weinen lassen (Kleine Braunelle). Weinen löst und entspannt, spült wie das Wasser Altes, Schweres und Leidvolles weg. Tränen reinigen und helfen uns, alte Wunden zu betrauern und heilen zu lassen. Oft können solche Wunden erst heilen, wenn wir sie anschauen und annehmen. Dann erst können wir sie loslassen und sie beginnen zu heilen. Dabei hilft uns das Weinen. Es löst starre Strukturen, weicht sie auf und spült sie fort. Weinen ist oft sehr heilsam, nur vergessen wir das häufig, bzw. ist Weinen bei uns nicht erlaubt. Die Menschen können damit nicht umgehen, es wird verdrängt und setzt sich dann fest, wird zu einem zähen Brocken, der uns immer mehr behindert. Uns immer mehr krank macht, wie bei einer ordentlichen Bronchitis.

So verwundert es auch nicht, dass die Kleine Braunelle aufgrund ihrer Inhaltsstoffe (Gerbstoffe, Bitterstoffe und ätherische Öle) als Heilpflanze geschätzt wird. Besonders bei Atemwegserkrankungen und Problemen der Verdauungsorgane wird sie verwendet. Doch ihr wird auch eine adstringierende und blutstillende Wirkung nachgesagt. Neuere Forschungen in der chinesischen Medizin beschreiben auch eine antibakterielle Wirkung. Dort wird sie bei schwereren Erkrankungen wie Krebs, Tuberkulose oder Aids eingesetzt.

Die Kleine Braunelle findet man an nährstoffreichen Standorten, auf humosen Wiesen und an Waldwegen. Doch ihr Hauptvorkommen ist die feuchte Wiese und nasse Perioden mag sie besonders. Denn dann kann sie sich über ihren kurzen, kriechenden, oberirdischen Ausläufer besonders gut ausbreiten. *Prunella vulgaris* gehört zu den Regenballisten, wie die Botaniker sagen. Dabei handelt es sich um Pflanzen, die kleine Bruchfrüchte, sogenannte Klausen, als Samen haben. Diese sitzen in den Kelchen der Pflanze und werden bei Regen, nämlich dann, wenn die Regentropfen auf die Kelche treffen, aus diesen herausgeschleudert. Eben eine Pflanze, die das Wasser, die Tränen liebt.

Der Sommer

mit seiner Fülle und Freude

Obwohl der astronomische Kalender den Sommer erst am 21. Juni, zur Sommersonnenwende beginnen lässt – die Meterologen sind etwas früher und lassen ihn am 1. Juni beginnen – leitet die Natur den Sommer mit der Blüte des Holunders ein. Es ist die Zeit der Wärme und des Lichts. Die ersten Früchte reifen mit Erdbeeren und Johannisbeeren, alles wächst und steht in voller Blüte. Zu keiner Jahreszeit ist die Blütenfülle so groß wie zu Beginn des Sommers. Die langen Tage und die Kraft der Sonne lassen die Pflanzen ins Kraut schießen, lassen sie wachsen. Die Heilpflanzen lagern jetzt viele ätherische Öle in Wurzeln, Blätter und Blüten ein. Die Natur ist verschwenderisch. Von allem gibt es mehr als genug.

Es ist die Zeit der Fülle und die Zeit der Feste, des Feierns. Man ist wieder gerne draußen und genießt die Natur, ist fröhlich und ausgelassen. Der Höhepunkt des Jahres ist die Sommersonnenwende am 21. Juni. In den alten Legenden wendet sich jetzt das Blatt, die Sonne gibt ihre Regentschaft, ihre Kraft ab, das Licht schwindet, und die Dunkelheit, die Erdkräfte nehmen wieder zu. Zuerst nimmt man es kaum wahr, doch ab Anfang August, mit dem Schnitterfest, dem Erntefest, ändert sich das Licht deutlich. Die Strahlen der Sonne werden wieder weicher, wieder wärmer, sind nicht mehr so grell und heiß wie im Sommer.

Doch zunächst wird erst einmal gefeiert. Zwölf Tage und Nächte dauerten früher die Sonnwendfeiern um der Sonne, der Erde, den Kräften und der Fülle der Natur Danke zu sagen. Man sammelte die Sonnenwendkräuter, aus denen später, nach der Einführung des Christentums, die Johanniskräuter wurden. Es sind Pflanzen, die die Kraft des Sommers, des Lichts und der Sonne in sich tragen, wie Kamille, Arnika, Ringelblume und natürlich das Johanniskraut, aber auch Schafgarbe, Blutwurz und Königskerze. Die Pflanzen des Sommers bringen uns Klarheit, Freude und Kraft. Es sind allesamt Kinder des Lichts, der Sonne, die sie als Geschenk auch an die Menschen weitergeben. Es sind Pflanzen, die auffallen, die sich selten in den Schatten stellen, die die Sonne, die Wärme brauchen. Die Sonne, das Licht, ist essentiell für den Menschen, die Pflanzen und die Tiere. Ohne die Sonne würde nichts wachsen auf diesem Planeten. Auch den Menschen fehlt es an Vitamin D, wenn die Sonne nicht scheint. Viele Pflanzen, aber auch die Tiere, richten sich in ihrem Blühen und ihrer Fortpflanzung nach dem Licht, nach der Sonne, den länger werdenden Tagen. Unser ganzes Leben auf der Erde wird von der Sonne beeinflusst, von der Sonne gesteuert. Ohne die Sonne gäbe es auf der Erde kein Leben, deshalb wird sie von so vielen Naturvölkern geschätzt und verehrt.

Der Holunder

Der Schutzbaum von Haus und Hof

 In diesem Jahr blühte der Holunder besonders stark. Oft stand ich oben im Haus am Fenster und betrachtete den blühenden Strauch an meiner Scheunenwand. Ich versuchte zu erspüren, was er mir sagen wollte. Viele verbindende Pflanzen hatten mich in diesem Jahr begleitet und ich sah, dass auch der Holunder damit zu tun hatte. Doch schien mir das Wort „verbinden" nicht so richtig zu passen, irgendetwas stimmte da nicht. Sooft ich den Holunder betrachtete, machte ich mir Gedanken. Doch das richtige Wort kam mir nicht in den Sinn. Bis meine Freundin, die allerdings nichts von meinem Dilemma wusste, mir einen Artikel aus einer Zeitschrift mitbrachte. Er hatte ihr so gut gefallen, dass sie ihn mir unbedingt zeigen musste. In dieser Mitteilung sprach ein Arzt über die auflösende Wirkung des Holunders bei Erkältungskrankheiten. Und da wusste ich, *das* war mein Wort, das war mein Puzzlestück, das mir zum Holunder noch fehlte. Nicht „verbinden", sondern „auflösen".

Sambucus nigra, Schwarzer Holunder, so wird er in der Botanik genannt, im Gegensatz zum Roten Holunder, dessen Beeren giftig sind. Die Pflanzen sind nicht jedes Jahr gleich, blühen nicht immer so üppig wie in diesem Jahr. Weiß leuchten seine Blütendolden über das Land, erstrahlen die Büsche Ende Mai. Einst war der Holunder der Schutzbaum für Haus und Hof. Vor einem Holunderbusch zog man den Hut und man durfte ihn keinesfalls abschneiden – nur in höchster Not – denn das brachte Unglück. Der Holunder ist ein recht eigenwilliger Geselle, so heißt es, denn er sucht sich selbst seinen Platz, an dem er wachsen will. Er wächst gerne am Haus oder Stall, auch der Platz am Misthaufen ist ihm recht.

Die Germanen sahen in ihm den Sitz ihrer Göttin Holla, der Göttin, die die Erde hütet. Im Christentum wurde aus dieser lichten, hellen Gestalt, die Frau Percht, die besonders in Bayern noch heute bekannt ist. Eine etwas gruselige, alte Frau, die in der Nacht vor Allerheiligen mit den Ahnen durch die Gegend saust. Sie bewacht das Tor zur Unterwelt, der Anderswelt, dort wo die Ahnen, die Geister, zu Hause sind.

Einzug hat sie auch gehalten in das Märchen von Frau Holle. In Bayern nennt man den Holunder heute noch Hollerbusch. Der Bezug zu den ursprünglichen Wurzeln, den Kelten, ist nicht weit. Die Große Göttin, deren Tochter die Erde ist, und die mal als Jungfrau, im Frühling zum Fest der Brigid (Mariä Lichtmess), oder als altes Weib im Herbst beim Holz sammeln im Wald erscheint.

Der Holunder ist zweifelsohne eine Pflanze der Gegensätze; seine weißen, lichten Blütendolden stehen im Gegensatz zu den schwarzen, dunklen Beeren im Spätsommer. Schwarz und weiß, gut und böse, Leben und Tod, Himmel und Erde, Mann und Frau – alles Gegensätze, die doch zusammengehören, die nicht voneinander zu trennen sind. Und so führt uns der Holunder in die Mitte, hilft uns, diese Gegensätze zu überwinden, einen Ausgleich herzustellen. Und schaut man seine Blütendolden und auch später die Früchte an, so wirken die Blütenstände wie große Waagschalen, die alles miteinander verbinden und ausgleichen. Die männliche und die weibliche Seite, die in jedem Menschen vorhanden sind, werden durch den Holunder miteinander verbunden, finden ein Zusammenspiel, ergänzen sich, und werden so eine Einheit. Der Holunder löst die Gegensätze auf, er stellt nicht nur eine Verbindung her, er erschafft neu. Er führt in die Harmonie. Den Zustand, den die alten Ägypter für den Sinn des Lebens hielten, der die Welt zusammenhielt und nicht ins Chaos stürzte.

Dazu brauchten sie in ihren Mythen die Göttin Maat, die Tochter des Sonnengottes Ra, die nicht nur für die Wahrheit stand, sondern auch mit ihren beiden Waagschalen, mit denen sie dargestellt wird, für diese Harmonie sorgte. Was in der Waage ist, ist im Gleichgewicht, trägt sich selbst. Und das war wichtig, wenn etwas Bestand haben, funktionieren sollte.

Der Holunder ist eine Pflanze, die heilt und das schon seit unvorstellbaren Zeiten. Alle Teile des Holunders, die Blätter, Blüten, Früchte und auch die Rinde lassen sich dazu verwenden. Doch wie das mit Gegensätzen so ist, man muss sie vorsichtig ausbalancieren. Das gilt auch für den Holunder. Seine Beeren zum Beispiel sind in rohem Zustand giftig und führen zu Durchfall und Erbrechen. Man kann sie nur gekocht genießen. Gegen Erkältungen ist der Saft ein gutes Mittel, doch auch hier ist Vorsicht geboten, denn ein Zuviel kann den Magen reizen. Die Blüten werden getrocknet und ergeben einen Tee, der ebenfalls bei Erkältungskrankheiten wirkt und zudem noch fiebersenkend ist.

Die frischen Blüten lassen sich mit Zitrone und Zucker zu einem Blütensirup verarbeiten, der, mit Wasser verdünnt, ein hervorragendes Erfrischungsgetränk ergibt, das auch noch das Immunsystem stärkt. Prosecco mit Hollerblütensirup ist das Modegetränk der letzten Jahre.

Indem der Holunder die Gegensätze auflöst, uns beschützt, weil er die Einflüsse von außen fernhält und auflöst, schafft er auch Klarheit, bringt Klarheit in unser Leben. Wir sehen wieder, wo es langgeht, verstehen, warum viele Dinge so laufen, wie sie es tun. Wir haben wieder Mut, den neuen Weg zu gehen. Die Angst verschwindet. Somit schenkt er uns die Kraft, unseren eigenen Weg zu gehen, auch wenn er etwas ungewöhnlich ist. Und wenn es der rechte Weg ist, der Weg, den wir in Liebe und Mitgefühl gehen, dann schützt er uns und bringt uns sicher wieder nach Hause. Wie in dem Märchen von Frau Holle.

Der Sommer – der Holunder

Die Brennnessel

Die unerkannte Schönheit

 Was es in meinem Garten zu Anfang überhaupt nicht gab, waren Brennnesseln. Auch in der Umgebung waren sie kaum vorhanden. Brennnesseln, *Urtica dioica*, brauchen nicht so aufgeräumte Flecken. Stellen, an denen sie in Ruhe gelassen werden, da siedeln sie sich an. Dort, wo Ordnung und Sauberkeit herrscht, sind sie nicht zu finden. Doch liebe ich diese Pflanze, habe ich mittlerweile unter meinen Obstbäumen welche angepflanzt. Das habe ich allerdings heimlich gemacht, damit mich keiner sieht, denn verstehen kann das niemand, dass man Brennnesseln mag und auch noch züchtet.

Doch ich liebe im Frühjahr den Spinat aus ihren ersten grünen Blättern. Wenn im Garten noch kaum etwas wächst, ist das zusammen mit Giersch ein leckeres Essen. Allerdings kann man dazu nur die jungen Pflanzen verwenden; alte Pflanzen enthalten zu viel Oxalsäure und sind deshalb nicht so bekömmlich. Ich mag die Pflanze einfach, auch wenn sie landläufig auf den ersten Blick keine Schönheit ist, im Volksmund sogar ein Unkraut. Sie wächst dort, wo andere nicht so gerne wachsen, auf Schuttplätzen und Müllhalden, an unwegsamen Plätzen. Aber auch in der Nähe menschlicher Behausungen kommt sie vor, an Zäunen und Grabenrändern. Sie ist eine typische Ruderalpflanze, die sich dort ansiedelt, wo hohe Stickstoff- und Mineralstoffkonzentrationen im Boden vorhanden sind, die Bedingungen ansonsten aber nicht immer optimal sind, weil es zum Beispiel sehr trocken ist. Deshalb fand man sie früher häufig in der Nähe der Misthaufen. Sie besiedelt Neuland, vom Menschen veränderte Gebiete, Ödland oder geschundene Plätze und bereitet den Boden für die nachfolgende Generation, indem sie ihn reinigt und entgiftet. Auch als Heilpflanze dient sie der Reinigung und Entschlackung, da sie den gesamten Körperstoffwechsel anregt. Besonders im Frühjahr wird der Tee aus den Blättern gerne kurmäßig angewendet.

Alte Brennnesselpflanzen, besonders zur Blütezeit, wirken kraftvoll und unnahbar, aber trotzdem besitzen sie eine unaufdringliche Schönheit. Wenn wir uns dieser Pflanze behutsam nähern, sanft und liebevoll, dann können wir sie auch berühren. Wenn wir sie kennen, dann wissen wir, wie wir an ihr entlangstreichen müssen, damit wir uns nicht verbrennen. Dann ist sie zart und weich, fast liebevoll. Stürmen wir jedoch auf sie zu, nähern uns ihr mit Gewalt, dann wehrt sie sich, dann bekommen wir das Ungestüme unseres Verhaltens zu spüren. Dann zeigt sie uns ihre Haare, an denen wir uns mit Sicherheit verbrennen. Sie macht uns deutlich, dass eine Abgrenzung nach außen uns schützt, uns gut tut, damit wir den Stürmen des Alltags trotzen können. Dass unsere Kraft im Inneren liegt, dass wir uns aber nicht verschließen müssen, wenn sich jemand behutsam und liebevoll nähert. Wir können ihm ruhig unsere zarte, weiche Seite zeigen.

Die Brennnessel ist eine Pflanze der Harmonie, sie zeigt uns beide Seiten: den Schutz, das Unnahbare, das "Lasst-mich-in-Ruhe", und das Öffnen, das Zarte und Weiche. Sie versucht, die Harmonie in der Natur wiederherzustellen, indem sie dem Menschen folgt und seine „Schäden" beseitigen hilft. Und am Ende siegt wieder die Schönheit. Die Raupen des Kleinen Fuchses, einer Schmetterlingsart, leben auf der Brennnessel. Sie ernähren sich ausschließlich von ihren Blättern. Und aus einer „hässlichen" kleinen Raupe wird nach einer Verwandlung ein wunderschöner Schmetterling. Die Brennnessel ist eine „Arbeiterin", eine Dienerin, die den Boden für diese Wandlung bereitet, die diese Veränderung erst möglich macht. Mit ihren gelben, kräftigen Wurzeln bringt sie förmlich die Sonne, das Licht wieder in die Erde, so dass Neues wachsen kann.

Der Storchschnabel

Der Kleine, der Feine und Unermüdliche

 Ich musste auf meinen Sohn warten, und in dieser Zeit wollte ich den alten Ahorn an der Burgruine besuchen. Er steht dort schon seit ewigen Zeiten, mächtig und stark, am Rande der ehemaligen Burgmauern. Ein kleiner Weg schlängelt sich zwischen den beiden durch, man steigt über Wurzeln und hört unter sich den Bach rauschen. Und man entdeckt immer wieder etwas Neues, ein Pflänzchen, das einem bis jetzt noch nicht aufgefallen ist, das sich noch nicht so stark bemerkbar gemacht hat. Unter dem Ahorn strahlten sie mir mit ihren kleinen rosa und lila Sternen schon entgegen, die Blüten des stinkenden Storchschnabels, *Geranium robertianum*. Sie leuchten richtig, wie kleine Sterne, manchmal paarweise an einem Blütenstand. Die Blätter sind leicht und fiedrig, die gesamte Pflanze strahlt Leichtigkeit aus, und doch steht sie fest auf dem Boden. Alle Triebe treffen sich in der Mitte der Pflanze zu einem Knäuel, welches mit den Wurzeln fest im Boden verankert zu sein scheint.

Der Storchschnabel kündigt uns etwas Neues an, eine Geburt, wie der Storch. Daher hat er auch seinen Namen: Schon bevor die Blüte sich öffnet, sieht der Blütenstand wie ein kleiner Storchenschnabel aus. Das verstärkt sich nach der Blüte noch, jetzt erkennt man so richtig den Schnabel, der sich dann später, wenn der Samen reif ist, zu einem fünfzackigen Stern öffnet. So zeigt er uns, dass wir erst blühen müssen, bevor das Neue, der neue Samen erscheint. Und gleichzeitig muss das Alte losgelassen werden, damit Platz für etwas Neues entsteht. Aber genau wie der Storch es uns mitteilt, haben wir keine Wahl mehr, das Kind will geboren werden, wir haben uns dafür entschieden. Und so müssen wir erst einmal loslassen, wie die Mutter ihr Kind, damit es geboren werden kann, damit etwas Neues entstehen kann. Deshalb legt man den Storchschnabel auch bei unerfülltem Kinderwunsch unter das Bett: Damit sich der Kindersegen einstellt.

Doch der Storchschnabel zeigt uns noch etwas anderes, zeigt uns noch eine andere Variante unseres Seins: auf sicherem Boden stehen. Ich brauche den Boden, die Erde, das Gut-verwurzelt-Sein, damit ich etwas Neues wagen kann, mich mit leichtem Herzen nach oben in die Luft wagen kann, blühen kann. Aus dem sicheren Bauch der Mutter ins neue Leben starten kann. So zeigt uns die Pflanze auch, wenn wir in unserer Mitte sind – alle Triebe der Pflanze treffen sich in der Mitte – wenn wir auf sicherem Boden stehen: Dann können wir uns mit Leichtigkeit ins Leben wagen, dann sind wir im Gleichgewicht. So erinnert die Pflanze auch ein bisschen an eine Waage, die alles ins Lot bringt, die alles ausgleicht. Etwas, was sie mit dem Holunder gemeinsam hat: die Harmonie, das Glück und die Fülle – ein neues Kind eben.

Der Beinwell

Er verbindet, was zusammengehört

 Den Beinwell entdeckte ich bei einem Spaziergang auf einem alten Hof. Dort füllte er den gesamten Innenraum, wo einst Misthaufen und Garten gewesen waren. Vielleicht braucht er Flecken in der Nähe der Menschen, der Gehöfte, wo es nicht so genau zugeht, wo die Natur auch noch ihren Platz hat. Denn er war mir bisher in freier Landschaft, in den Wiesen oder am Feldrand hier oben nicht aufgefallen. Ich kannte ihn aus meinem Garten, denn dort hatte ich vor Jahren einmal ein Exemplar im Kräuterbeet angepflanzt.

Aber so glücklich schien er dort nicht zu sein, denn er breitete sich nicht sonderlich aus. Hier, in diesem Hof, schien er jedoch an jedem freien Platz zu stehen: kraftvoll und erhaben, mit seinen großen, lanzettlichen und behaarten Blättern und den lila oder rosafarbenen Glockenblüten. Alles war hier vorhanden, bis auf die Pflanze mit den weißen Blüten, die in manchen Gegenden als der Bräutigam bezeichnet wird, im Gegensatz zur Braut, die rosa Blüten besitzt. Der Bräutigam fehlte auf diesem Hof, doch die anderen Pflanzen wollten auffallen, sich in Erinnerung bringen, das merkte man sehr deutlich. Und ihre Botschaft war immer die gleiche, sooft ich daran vorbei kam: Ich verbinde, was zusammengehört.

Und das tut der Beinwell in der Tat, das sagt schon sein botanischer Name *Symphytum officinalis*, der von dem lateinischen „symphytos", für zusammenwachsen, zuheilen abgeleitet ist. Auch der deutsche Name, Beinwell, stammt von dem altdeutschen Wort „wallen" ab, was ebenfalls „zusammenheilen" bedeutet. Im Gartenbau spricht man heute noch davon, dass der Baum, die Pflanze, seine Wunden überwallt.

Stöbert man in alten Kräuterbüchern, dann entdeckt man, dass schon Hildegard von Bingen und Paracelsus die erstaunliche Wirkung des Beinwells bei Knochenbrüchen und schlecht heilenden Wunden kannten. Dazu wurde in der Regel die Wurzel genutzt, die man im Frühling oder im Herbst erntete. Sie enthält neben Gerbstoffen, Vitamin B12 und Flavonoiden die Substanz Allantoin, die Wundsekrete auflöst und zur Gewebeneubildung anregt. Keine andere Pflanze enthält solche Mengen an Allantoin wie der Beinwell. Allerdings ist der Beinwell, nicht ohne Grund, in den letzten Jahren etwas in Verruf geraten, da er auch Pyrrolizidinalkaloide enthält, die giftig sind. Deshalb ist von der innerlichen Anwendung der Beinwellwurzel oder den beliebten Beinwellschnitzeln, die man im Frühjahr aus den Blättern bäckt, abzuraten. Eine äußerliche Anwendung von Beinwellauszügen oder -salben, bei Knochenbrüchen, Zerrungen, Verrenkungen, Verstauchungen, aber auch Durchblutungsstörungen, hat nach wie vor seine Berechtigung, was auch die Schulmedizin bestätigt. Außerdem steht uns mit dem Homöopathikum *Symphytum* ein hervorragendes Mittel zur Verfügung, das nicht nur bei Knochenbrüchen zu erstaunlichen Erfolgen führt, sondern sich genauso gut bei Arthrose und anderen Gelenkschmerzen verwenden lässt.

Der Beinwell verbindet, was zusammengehört, und heilt nicht nur bei Knochenbrüchen. Die Pflanze ist sehr kraftvoll und stark, zwar etwas kantig in ihren Stengeln und in ihrem Wuchs, aber auch leicht und verspielt, wenn man ihre Blüten betrachtet. Auch hier ist wieder das Verbindende. Man braucht die Kraft in der Wurzel, im Stand, die Stärke des Gerüstes, damit man beweglich ist, in der Blüte leicht sein kann. Mit Leichtigkeit und Freude durchs Leben gehen kann. Die Blätter wirken

wie eine Lanze, so steht der Beinwell auch für Schutz und Heilung. So verbindet und verarztet er schlecht heilende Wunden, welche das auch immer sein mögen. Und das tut er auf eine erstaunliche Art und Weise, sehr effektiv und kraftvoll. Manchmal erinnert er mich dabei an den Erzengel Michael mit seinem flammenden Schwert.

Verliert die Pflanze dann später ihre Blütenblätter, bleiben nur noch die Narben stehen. Diese sehen aus wie die Stacheln eines Igels. Der Igel, der sich abgrenzt, der sich schützt, wann immer ihm jemand zu nahe kommt, ihm seine Freiheit nimmt. Stacheln einsetzen heißt nicht, kämpfen oder vor etwas davonlaufen. Stacheln einsetzten heißt, klar Stellung beziehen, zu sich und seiner Meinung, seinen Bedürfnissen stehen, auch wenn diese bei den anderen vielleicht nicht so gut ankommen. So verbindet der Beinwell zwar, was zusammengehört, doch immer in Freiheit und Leichtigkeit. Es ist kein Verschmelzen der beiden Teile, sondern nur ein Zusammenwirken, eine Verbindung, von der beide Teile profitieren, ohne sich dabei selbst aufzugeben. Eine Verbindung, die eigentlich von Natur aus zusammengehört, wie zwei Knochen, die aber aus irgendeinem Grund, durch eine Verletzung, einen Schmerz, getrennt wurde. Brechen wir uns den Arm oder das Bein, dann fehlt es uns an Beweglichkeit, an Freiheit, dann sind wir gebunden. Erst die Verbindung, die Heilung, schafft wieder Beweglichkeit, obwohl jeder Knochen an sich eine andere Aufgabe hat. Und doch sind sie nur in der Verbindung eine Einheit, können nur in der Verbindung ihre Freiheit, ihre Aufgabe leben.

Der Frauenmantel

Die alte Pflanze der Alchemisten

 Der Frauenmantel, *Alchemilla mollis,* die alte Pflanze der Alchemisten, gehört zur großen Familie der Rosengewächse, der *Rosaceen.* Er ist ein Kind der Sonne, wie seine große Schwester, die Rose, auch. Sie blühen in etwa zur gleichen Zeit, doch der Frauenmantel übernimmt häufig den Hofstaat für die stolze Rose. Er ist der Diener, der Arbeiter, der Beschützer zu Füßen der Rose. Eine eher bescheidene Pflanze, die doch auffällt; und ihre Wirkung ist groß, auch wenn viel davon noch im Verborgenen liegt. So als wüsste er um die Dinge des Lebens, dass jeder seinen Platz hat und das auch gut so ist. Als wäre es vergeudete Energie etwas zu wollen, was man nicht ist; einen Platz einzunehmen, der einem nicht gehört. Und dass man strahlt, förmlich leuchtet wie die Sterne, wenn man das erkannt hat. Wenn man das ist, was man ist.

In der Volksmedizin wird der Frauenmantel etwas abfällig das Weiberkraut, das Frauenkraut genannt. Man verwendet den Teeaufguss zur Behandlung von Menstruationsbeschwerden, Beschwerden in den Wechseljahren und nach der Entbindung. Außerdem brachte man ihn im Mittelalter mit der Jungfrau Maria in Verbindung. Die Schulmedizin hält diese Droge für unwirksam und schreibt ihr lediglich eine Wirkung bei Durchfallerkrankungen und Magen- und Darmstörungen zu. Doch seit alters her wird diese Pflanze hoch geschätzt. Die Alchemisten verwendeten sie für ihre eigenen Zwecke. Man nutzte das Wasser, das sich am Morgen in der Blattmitte des Frauenmantels gesammelt hatte. Manchmal bilden sich auch kleine Wassertropfen, sogenannte Guttationstropfen, an den Blatträndern, was sehr imposant aussieht. Allein das erinnert schon an eine Zauberpflanze – denn wer schafft es sonst noch, dass all die kleinen Tröpfchen an den einzelnen Blattzähnen hängen bleiben? Auch sonst haben die Blätter etwas Besonderes, denn sie wirken in ihrer Form wie ein Mantel, wodurch die Pflanze auch zu ihrem Namen kam. Die kleinen, gelblich-grünen Blüten sind nur wenige Millimeter groß und knäuelförmig angeordnet. Durch diese Anordnung wirkt der Blütenstand wie eine Wolke, leicht und locker. Die kleinen Einzelblüten erinnern an Sterne, was auch seine Absicht ist, denn der Frauenmantel verbindet uns mit den Sternen. Zu Beginn seiner Blütezeit Mitte bis Ende Juni, ist der Frauenmantel mit seinen kleinen, gelbgrünen und leicht duftenden Blütenwolken eine typisch weibliche Pflanze, eine Mondpflanze. Was sich auch in der Behandlung oder Wirkungsweise bei typischen Frauenkrankheiten zeigt. Der Mond wird seit Urzeiten mit den weiblichen Kräften, dem Unbewussten, dem Instinkt und dem Gefühl in Verbindung gebracht. Dies wird verstärkt durch das Sternzeichen Krebs, in das die Sonne zur Zeit des Mittsommers eintritt. Eines der drei Wasserzeichen, auf das der Mond einen besonderen Einfluss hat.

Das spiegelt der Frauenmantel ganz deutlich in seinen Blättern wieder: Das Spiel mit dem Wasser, wie der Mond, der die Gezeiten auf der Erde lenkt, aber auch den Mantel, den Schutz. Es erinnert ein bisschen an die Urmütter, die früher am Feuer saßen, alles zusammenhielten und über den Schlaf der Kinder wachten, den Mantel ausbreiteten über das, was zu ihnen gehörte, was ihnen anvertraut war.

Doch der Frauenmantel birgt noch mehr Kräfte, hat die Fähigkeit, sich zu wandeln. Später, mit fortlaufender Zeit, wenn die Sonne in das Sternzeichen Löwe wechselt, blüht der Frauenmantel immer noch. Seine Blüten sind größer geworden, haben sich von gelblich-grün in ein Ockergelb bis Braun gewandelt. Die Farbe erinnert an das Fell eines Löwen, und so verhält sich der Frauenmantel jetzt auch. Seine Blüten sind schwer geworden, träge fallen sie nach unten, benötigen Platz und Raum.

„Alles zur Seite, hier komme ich!" scheint er zu verkünden. Andere Pflanzen, die ihm im Wege sind, werden rigoros verdrängt, einfach zugedeckt. Doch das Leichte der Blüte bleibt. Wie der Löwe, der stundenlang in der Sonne dösen kann und doch plötzlich bei der Jagd sehr schnell wird. Jetzt ist aus der Mondpflanze plötzlich eine Sonnenpflanze geworden. Der männliche Aspekt überwiegt.

Vielleicht wurde sie deshalb von den Alchemisten so verehrt: Weil sie sich wandeln kann, transformieren kann. Das, was die Alchemisten vor langer Zeit berühmt machte, die Fähigkeit, Blei in Gold zu verwandeln, in die Farbe des Löwens, die auch die des Frauenmantels ist, bevor er endgültig verblüht.

Der Fingerhut

Verbindung von Leben und Tod

 Im Frühjahr waren mir die Flächen mit Fingerhut schon aufgefallen, dort, wo der Sturm vor einigen Jahren riesige Kahlschläge im Wald verursacht hatte. Das musste zur Blüte im Juni ein toller Anblick sein. Das wollte ich unbedingt fotografieren. Als die Zeit der Fingerhutblüte da war, stand ich im Wald und wartete auf die Sonne, auf das richtige Licht. Doch immer wieder versteckte sich die Sonne, machte sich rar hinter endlosen Wolken. So stand ich da und beobachtete den Wald, den Fingerhut, hing meinen Gedanken nach: Stolz steht er da der Fingerhut, *Digitalis purpurea*, wie er botanisch auch genannt wird. Aufrecht trotzt er Wind und Wetter. Überall dort, wo Licht in den Wald kommt, der Wald etwas Platz macht, da taucht er plötzlich auf. Wir bemerken ihn meistens erst im zweiten Jahr, wenn er uns seine Blüte zeigt. Doch er ist schon länger da, hat sich fast unbemerkt angeschlichen. Als einer der ersten besiedelt er kahle Flecken im Wald. Kahlschläge, dort, wo der Wald weichen musste, sei es durch Sturm oder menschliche Hand. Er ist die Verbindung von Leben und Tod, Himmel und Erde. Nirgendwo ist dieses Zusammengehören von Leben und Tod so zu spüren, wie an diesen Stellen, an denen der Fingerhut wächst. Dort, wo er in Massen auftritt und im Juni ganze Flächen von ihm überzogen werden.

Er kann nur wachsen, wenn er Licht hat, wenn der Wald ihm zuvor Platz gemacht hat, sei es durch Rodung oder Sturm. Dort, wo der Wald gestorben ist, da kommt ganz schnell der Fingergut. Er braucht den Boden, den Humus des Waldes und die freie Fläche, dort, wo noch nichts wächst. Zwischen abgestorbenen Baumstämmen, Baumstümpfen und alten Ästen kommt er hervor. Er braucht nicht lange, um solch eine Fläche zu besiedeln. Im ersten Jahr sät er sich aus und bildet eine Blattrosette, aus der sich im zweiten Jahr die Blütenkerze hervorschiebt. Dann versamt er sich erneut und stirbt ab. Sein Leben ist nicht sehr lang und auch die Pracht seiner Nachkommen an dieser Stelle währt nicht lange. Denn wenn der Wald wieder auf dem Vormarsch, ist mit Brombeeren und Gestrüpp, dann verschwindet auch bald das Licht auf dem Boden wieder. Dann verschwindet auch der Fingerhut.

Er verbindet alt und neu, das Sterbende mit dem Lebendigen. Damit er leben kann, muss erst etwas anderes sterben. Er nutzt seine Chance. Vielleicht ist es auch dass, was er uns sagen will, wenn er da mit seinen aufrechten, zum Himmel gestreckten Blütenkerzen steht: „Schaut her, ich bin vielleicht nicht gut, doch ich bin aufrecht. Ich bin der, der ich bin und ich nutze mein Potential!"

Denn trotz seiner Pracht und seiner auffälligen Blüte hat er doch etwas von Unnahbarkeit, von Rühr-mich-nicht-an. Was einen auch nicht verwundert, denn der Fingerhut ist giftig. Er ist eine der stärksten Giftpflanzen in unserer heimischen Pflanzenwelt. Wir können ihn nicht essen, das wäre unser Tod. Er ist keine Nahrungspflanze und doch dient er dem Menschen. In ganz kleinen, vorsichtigen Dosen, da hilft er dem Herzen, dem Leben.

Das Herz steht immer für das Leben und für die Liebe. Und auch im Yoga wird dem Herz-Chakra die Farbe Rosa zugeordnet. Rosa symbolisiert den beruhigenden, heilenden Aspekt der Liebe. Auch die Blüte des Fingerhuts ist rosa und der Fingerhut ist eine alte Heilpflanze. *Digitalis*, ein klassisches Herzmittel, das bei unregelmäßiger Herztätigkeit angewendet wird. Ebenso fördert dieses Mittel die Wundheilung. Vielleicht heilt der Fingerhut einfach ein verwundetes Herz.

Doch er sagt uns auch sehr deutlich: „Vorsicht!" Das Leben ist nicht nur die eine Seite. Das Leben ist nicht nur Geburt und Freude, das Leben ist auch Tod und Schmerz. Er ist eben aufrichtig, der Fingerhut, er verschweigt uns auch die dunklen Seiten, die Schattenseiten nicht. Und er sagt uns, auf die Dosis kommt es an, darauf, die Mitte zu finden, darauf was gut tut, was heilt. Nicht umsonst bezeichnen wir häufig das Herz als die Mitte des Körpers. Indem der Fingerhut unser Herz heilt, heilt er wohl auch das Ganze, den ganzen Menschen.

Die Distel

Die Ungeliebte

 Disteln findet man nicht mehr so oft. Vielleicht noch am Straßenrand oder in den immer häufiger werdenden Stilllegungsflächen. Disteln sind bei den Menschen nicht so beliebt, obwohl es sich um Schönheiten handelt, so, wie sie dort stehen. Kraftvoll und mächtig. Und sie haben einen enormen Ausbreitungsdrang, versamen sich gerne, weshalb die Menschen sie als Unkraut titulieren. Die Distel wuchert nicht, breitet sich nicht selbst aus, nein, sie sorgt dafür, dass ihre Nachkommen, ihre Idee, ihr Potential sich verbreiten. Der Distel geht es um die Sache, nicht so sehr um sich selbst. Sie erinnert mich manchmal an die Menschen, die gerne die Wahrheit sagen und deshalb ihren Mitmenschen oft etwas unbequem erscheinen. Denn die Wahrheit hört man manchmal nicht gerne, würde sie lieber in eine Schublade stecken, um sich nicht mit ihr auseinandersetzten zu müssen.

Und so kann auch die Distel schon einmal unbequem sein und ihre Stacheln zeigen. Gerade weil sie nicht so beliebt ist, braucht sie einen Schutz, eine Bewehrung. Deshalb besitzt sie Stacheln, die sie vor dem Fraß der Weidetiere schützt. Vielleicht damit sie ihr Potential ungestört verbreiten kann, die Wahrheit sagen kann.

Sie ist auf ihre Art eine magische Pflanze, die uns ihre Schönheit, ihre Kraft zeigt und uns doch gleichzeitig auch warnt. Uns zeigt, dass diese Dinge begehrt sind, dass andere sie auch möchten und deshalb braucht sie einen Schutz. Sie führt uns hin zu unserem Potential, zu unserem Innern, zu unserer Wahrheit. Sie sagt uns, dass wir uns zeigen, unsere Schönheit, unseren Wert nicht verstecken sollen. Aber wir sollen uns auch wehren, wenn andere uns zu nahe kommen, uns verletzen oder etwas begehren, was uns gehört. Oft ist sie an Wegesränder zu finden, in der Nähe der Menschen, auf Weiden und Feldern. Sie versteckt sich nicht, sie zeigt sich. Stolz steht sie da und zeigt ihre Kraft. Die Wahrheit sucht sich immer einen Weg.

Die Mariendistel, *Carduus marianus,* ist eine alte Heilpflanze, sie stärkt Leber und Galle. Sie gibt der Leber ihre Kraft zurück, indem sie sie regeneriert und schützt, denn die Leber ist der Sitz der Seele. Die Mariendistelfrüchte gehören zu den stark wirksamen Leberschutzmitteln.

Die Kornblume

Die Klare

Es ist Sommer, die Tage sind hell und klar. Das Getreide steht schon hoch auf den Feldern, doch die sommerliche Hitze lässt noch auf sich warten. Und doch spürt man die Fröhlichkeit und Freude des Sommers, die Wärme. Auf einer Fahrt mit dem Auto komme ich an einem Roggenfeld vorbei. Dort leuchtet es mir blau entgegen. Das können nur Kornblumen sein! So etwas habe ich noch nicht gesehen, ich muss einfach anhalten und mir das Ganze aus der Nähe betrachten. Die Farbe Blau ist in der Natur schon eine seltene Farbe und kommt nicht sehr häufig vor. Das zeigen schon alte Lieder und Erzählungen, in denen es darum geht, die blaue Blume, das Besondere zu finden. Doch ich hatte sie anscheinend gefunden und auch nicht gerade wenige. Ich kannte auch die Erzählungen von früher, von Eltern und Großeltern, dass die Getreidefelder in vergangenen Zeiten wohl immer so ausgesehen hatten. Nur vorstellen konnte ich mir das nie so richtig, denn es gab eine ganze Zeit, da war die Kornblume, *Centaurea cyanus,* fast überall verschwunden. Höchstens noch an Wegesrändern oder auf Schuttplätzen, auf Baustellen im Straßenbau, an denen viel Erdreich bewegt wurde, fand man sie noch, zusammen mit rotem Klatschmohn und Kamille. Mittlerweile sieht man diese Pflanzen auch wieder in den Feldern. Klatschmohn war mir schon öfters begegnet, doch Kornblumen hatte ich noch nie gesehen. Das sollte sich jetzt jedoch ändern. Das Feld lag etwas auf einer Anhöhe, und ich musste erst den Straßengraben durch-

queren und einen kleinen Hang hinaufklettern. Doch dann bot sich mir ein atemberaubender Anblick: Das gesamte Roggenfeld war mit stahlblauen Kornblumen durchzogen, und zu ihren Füßen leuchtete in milchigem Weiß die Kamille. Durch die Anhöhe und den nahen Wald war das Feld etwas trocken, der Standort nicht so optimal, was man dem Roggen auch deutlich ansah. Doch für die Kornblume waren es die idealen Bedingungen, denn die Pflanze kommt ursprünglich aus dem Mittelmeergebiet und mag trockene, nicht so fette Standorte.

Ich jedenfalls war begeistert von diesem Anblick. Ein Meer von Kornblumen – und mich faszinierte die Klarheit auf diesem Feld, die Reinheit und die damit verbundene Kraft. Die Farbe der Blüten erinnerte mich an einen Saphir, dieses kristallklare Blau. Und auch dieser fördert die Konzentration und die Klarheit. Bringt den Scharfsinn und die Geisteskraft, aber auch eine unerschütterliche innere Ruhe, die hilft, die Gedanken zu bündeln und mit großer Kraft auf ein Ziel auszurichten. Klarheit eben! Wenn ich weiß, was ich will, dann kann ich entsprechend handeln. Alles Eigenschaften, die man auch der Kornblume zuschreibt. Im indischen Sanskrit wird der Name für Saphir wohl auch mit „Liebling des Saturn" umschrieben. Und genauso, wie der Saturn uns hilft, die Spreu vom Weizen zu trennen, den Blick auf das Wesentliche zu richten, verschafft uns auch die Kornblume die Klarheit, zeigt uns das, was wichtig ist. Wir können auf den Grund blicken und erkennen, was wir verändern möchten, worum es in unserem Leben geht. Weshalb der Kornblume in der Volksheilkunde auch eine Wirkung bei Augenleiden nachgesagt wird.

Die Kornblume reduziert auf das Wesentliche, auf das, was wichtig ist. Alles Überflüssige fällt weg. Was man auch an ihrer Statur, an ihrem Habitus erkennt: Nur die Blüten fallen auf, die Blätter und den Stengel sieht man kaum. Und steht die Pflanze gerade nicht in voller Blüte, dann bemerkt man sie in der Regel überhaupt nicht. Die Kornblume steht für das Einfache und gerade darin liegt ihre große Kraft, ihre Weisheit. Die Pflanze bringt es auf den Punkt, sie ist gradlinig und braucht keine Schnörkel. Durch die Reduktion auf das Wesentliche, das Notwendige, schafft sie diese große Klarheit, diese große Kraft.

Der Gattungsname der Kornblume, *Centaurea,* lässt auf die griechische Mythologie schließen und wird dort mit dem Zentaur Chiron in Verbindung gebracht, der der Sage nach ein großer Heiler war und diese Pflanze zuerst entdeckt und verwendet hat. *Zentauren sind willensstarke und gleichermaßen menschenscheue Wald- und Bergbewohner, die als Pferdemenschen, mit einem menschlichen Oberkörper und dem Unterleib eines Pferdes durch die Sagenwelt Griechenlands galoppierten.* Bei ihnen ist der Kopf noch stark mit dem Instinkt, mit der Intuition verbunden. Man glaubte, dass sie alle Heilkräuter und deren Wirkung sofort erkennen konnten.

Tieren und besonders Pferden spricht man diese Qualität noch heute zu: Dass sie bei Krankheiten, bestimmte Kräuter in der Natur fressen, die sonst nicht zu ihrem Speiseplan gehören.

---

* Scheffer, Storl: Die Seelenpflanzen des Edward Bach

Die Wegwarte

Die Treue

Für ein neues Buch sollte ich alte Gemüsesorten fotografieren. Unter anderem auch die Wegwarte, *Cichorium intybus*, die wilde Form des Chicorée und somit eine Verwandte von Salat und Löwenzahn.

Wenn die Tage wieder kürzer werden, nach der Sommersonnenwende, beginnt sie zu blühen. Man findet sie an Wegrändern, dort, wo es besonders steinig und karg ist, hauptsächlich in tieferen und wärmeren Regionen. Hier bei uns, in den Höhenlagen des Bayerischen Waldes, wächst sie nicht. Um sie zu finden, muss man schon den Berg verlassen und sich in den Gäuboden begeben. Dort steht sie fast überall und säumt mit ihren blauen Korbblüten die Weg- und Straßenränder. Aber auch in Stilllegungsflächen ist sie zu finden. Zur Blütezeit fällt die sonst eher unscheinbare und karge Pflanze besonders auf. In ihren starren und aufrechten, mit nur wenigen schmalen Blättern versehenen Trieben blühen immer nur einige Blüten. Diese öffnen sich morgens mit der Sonne, um sich am Mittag wieder zu schließen. So als hätte sie genug Sonne getankt, als würde es ihr genügen. An trüben, regnerischen Tagen öffnen sich ihre Blüten kaum. Sie ist ein Kind der Sonne.

Es ranken sich viele Sagen und Mythen um diese Pflanze, die ihren wahren Charakter zu verschweigen scheint. So soll sie die verwunschene Prinzessin sein, die mit ihren blauen Augen ständig nach Osten blickt, den Weg hinunter, den ihr Ritter nach Jerusalem zog.

Oder die Geschichte von der Jungfrau, die lange Jahre um ihren im Krieg gefallenen Freund trauert. Als sie sich endlich einen anderen Mann suchen soll, verwandelt sie sich lieber in eine Wegwarte. Oder man sah in ihr das Mädchen, das am Wegesrand stand und auf die Heimkehr ihres Liebsten wartete.* Wobei man dabei nicht so sehr die treue Liebe im Blick hatte, sondern eher die Sehnsucht, das Verzehren, das Nichtloslassenkönnen einer verlorenen Liebe, sogar Selbstmitleid und Trauer.

Mich haben diese Geschichten schon immer etwas zweifeln lassen. Sie mögen ein Teil der Wegwarte sein, doch lange nicht alles. Sie schienen mir nicht ganz zu dieser strahlend blauen Blume, zu dem Sonnenkind zu passen. Irgendwie scheint diese Pflanze verkannt zu werden. Sie erinnert mich immer ein bisschen an Maria Magdalena, die kraftvolle Gefährtin und Wegbegleiterin von Jesus von Nazareth. Auch ihr teilt man vielfach noch heute eine Rolle zu, der sie ganz und gar nicht entsprach. In einer männlich dominierten Welt ist kein Platz für die Kraft und Stärke der Weiblichkeit, der Urkraft unseres Kontinents, wie sie jahrhundertelang von der Großen Göttin der Kelten symbolisiert wurde.

Die klaren, blauen Blüten der Wegwarte leuchten mit der Sonne um die Wette. Aufrecht und fast starr steht die Pflanze am Wegesrand, aber vielleicht muss man das, wenn man so vielen Unbilden ausgesetzt ist. Man

---

* *Scheffer, Storl: Die Seelenpflanzen des Edward Bach*

muss fest verankert in der Erde stehen, damit einen die Stürme, die Turbulenzen am Wegesrand nicht mitreißen. Mit ihrer blauen Blütenfarbe steht sie für Schutz und Kraft, aber auch für Klarheit. Sie erinnert an kristallklares Wasser, durch das man bis auf den Grund sehen kann, wo nichts verborgen bleibt. Sie säumt den Weg, den wir gehen, unseren Weg, und damit gibt sie uns Schutz und Klarheit, unseren eigenen Weg zu gehen. Die Wegwarte ist eine kraftvolle Wegbegleiterin und führt und beschützt uns gerade da, wo es besonders steinig und karg ist. Das ist ihr Platz! Aber sie ist auch mit dem Löwenzahn verwandt, ihre Zungenblüten zeigen es sehr deutlich. Und damit schenkt sie uns auch Eigenschaften des Loslassens. Wenn wir Altes loslassen, dann können wir auch wieder Neues finden, dann führt sie uns weiter auf unserem Weg, dem Liebsten entgegen... Die Wegwarte

hilft uns, das Starre, das Eingefahrene, das, was ihre Blätter und Triebe in den alten Signaturlehren verkörpern, zu überwinden. Sie hilft uns, uns der Sonne, dem Licht zu öffnen. Sie befreit unser Herz und bringt es wieder zum Leuchten. Sie hilft uns, unseren eigenen Weg zu finden und damit unser Glück.

Ich kenne auch eine andere Geschichte von der Wegwarte, die mir wesentlich besser gefällt: In einem kleinen Tal, kurz bevor der Bach in den Fluss mündet, stand am Hang eine Burg. Heute findet man dort nur noch eine Ruine. Nur die kleine Kirche am Fuße der Ruine und das später gebaute Kloster sind noch vorhanden. Vor langer Zeit lebte dort eine schöne Jungfrau, das einzige Kind eines nicht sehr reichen Adelsgeschlechts. Deshalb hätte der Vater seine Tochter gerne gut verheiratet. Anfragen gab es genug. Doch die Tochter war sehr stolz, wollte sich ihren Mann selbst aussuchen und hatte ihn auch schon längst gefunden. Der Freund aus Kindertagen, ein Ritter aus ärmlichen Verhältnissen, von einer der Nachbarburgen sollte es sein. In jungen Jahren waren sie oft zusammen im Wald unterwegs, eine tiefe Freundschaft und Liebe verband beide. Er fand es nicht seltsam, wenn sie mit Pflanzen und Tieren sprach, im Gegenteil, es faszinierte ihn. Auch begleitete er sie oft zu den alten Kräuterfrauen, was ihr Vater gar nicht gerne sah. Nach langem Zögern gab der Vater endlich die Einwilligung zur Hochzeit, doch zuvor sollte der Ritter sich seiner Tochter würdig erweisen. In den Krieg schickte man ihn, damit er zu Ehrungen käme. Vielleicht dachte der Vater auch, so würde sich manches Problem von selbst lösen. Es kam, wie es kommen musste, der Ritter kehrte nicht zurück. Doch nicht in den Kriegswirren war er gefallen, nein, die eifersüchtigen Nachbarn hatten ihn bei seiner Heimkehr gefangen genommen. Doch zuhause auf der Burg wusste man davon nichts.

Jeden Tag saß die stolze Jungfrau auf dem Felsen über der Burg und wartete auf die Heimkehr ihres Freundes und Geliebten. Von diesem Felsen hatte man einen weiten Blick ins Tal, konnte den Weg gut überblicken. Doch niemand kam. Lange nach der verabredeten Zeit saß sie immer noch auf dem Felsen und wartete. Es kam die Zeit, da der Vater sie nötigte einen anderen zu nehmen. Doch eher würde sie sich von diesem Felsen stürzen, als einen anderen zu heiraten. Sie blieb beharrlich auf ihrem Felsen sitzen, wartete und weinte um ihren Liebsten und ihr Schicksal. Als sie keine Tränen mehr hatte, erblickte sie plötzlich vor ihrem Felsen eine kleine blaue Blume. Sie erkannte sie sofort, es war eine Wegwarte. Doch war es ungewöhnlich, sie hier oben auf den Felsen zu finden. Unten im Tal, an den Wegrändern, da wuchsen sie zuhauf, doch hier oben hatte sie noch nie welche gefunden. Sie wusste, was die Leute über diese Pflanze sagten, doch diese kleine, leuchtende Blüte erfreute ihr Herz. Sie vergaß Kummer und Schmerz und öffnete sich der Pflanze.

So konnte sie endlich ihre Verzweiflung loslassen, und plötzlich erschien vor ihrem Auge ein Bild: Der Turm einer Burg, nicht weit von hier entfernt, bachaufwärts. Und sie sah das Bild ihres Freundes, deutlich und klar, wie schon lange nicht mehr. Doch wie sollte sie zu ihm gelangen, wie sollte sie ihn aus diesem Turm befreien? Da erinnerte sie sich an ihre alten Freunde, die Tiere, die Pflanzen, die ihr gerne halfen, einen Weg zu finden, um ihren Liebsten aus dem Turm zu retten. Und endlich konnte Hochzeit gefeiert werden. Die Wegwarte jedoch, die blieb, sie schützte die Burg fortan vor mancherlei Gesindel, indem sie einfach ihre Blüten schloss, wenn jemand des Weges kam, der nicht reinen Herzens war. Und so war über lange Jahre ein glückliches und friedliches Leben auf der Burg möglich.

Der Sommer – die Wegwarte

Die Sonnenblume

Kinder des Lichts

 Ein Feld mit Sonnenblumen verzaubert die Menschen, fällt selbst demjenigen auf, der auf solche Dinge sonst nicht achtet. Die Sonnenblume, *Helianthus annuus,* ist ein Kind des Lichtes, ein Kind der Sonne. Betrachtet man ein Feld mit Sonnenblumen, so wird man feststellen, dass morgens alle Köpfe nach Osten zeigen. Sie begrüßen die Sonne, die im Osten aufgeht, das Licht. Sonnenblumen strahlen Wärme, Heiterkeit und Freude aus. Nicht umsonst nennt man ihre gelben Blütenblätter in der Botanik Strahlenblüten.

Die Sonnenblume ist eine kräftige Pflanze, die, obwohl so stark mit der Sonne verbunden, doch kräftig in der Erde verwurzelt ist. Die Erde bietet ihr den Boden, die Standfestigkeit, damit sie ihre doch teilweise schweren Köpfe der Sonne entgegen strecken kann. Und sie dankt es der Erde mit ihren Früchten, ihren Samen, die vielen Erdenbewohnern, besonders den Vögeln, Nahrung bieten. Auch die Vögel sind solche Vermittler, sie verbinden Himmel und Erde, einfach, indem sie fliegen können. Aber auch dem Menschen dient die Sonnenblume als Nahrung, indem aus ihren Samen Sonnenblumenöl gewonnen wird. So schenkt sie uns im Winter noch die Strahlen der Sonne, ebenso wie den Vögeln, denn Sonnenblumenkerne sind ein beliebtes Winterfutter für unsere gefiederten Freunde.

Blickt man im Sommer in die leuchtenden und strahlenden Gesichter der Sonnenblume, dann wird einem unweigerlich warm ums Herz, dann verfliegt so mancher Kummer und Schmerz. So wundert es auch nicht, das die Sonnenblume eine alte Heilpflanze ist. So verwendet man eine Tinktur aus frischen Blütenblättern als Fiebermittel bei Malaria, aber auch bei fiebernden Lungenerkrankungen soll es Wirkung zeigen.[*] In der Volksmedizin bereitet man aus den getrockneten Blütenblättern einen Tee, den man gelegentlich mit Lindenblüten mischt und als Grippemittel verwendet. Sonnenblumenöl dient nicht nur als Nahrungsmittel, sondern wird auch als Massageöl eingesetzt. Außerdem war früher die Verwendung von in Sonnenblumenöl getränkten Lappen als Auflage für schlecht heilende Wunden gebräuchlich.

---

[*] *Pahlow: Das große Buch der Heilpflanzen*

Die Zaunwinde

Den eigenen Weg finden

 Mit ihren festen, weißen Wurzeln ist die Zaunwinde, *Calystegia sepium,* tief in der Erde verankert, nicht so verwurzelt wie der Giersch, aber trotzdem tief mit der Erde verbunden. Der Gärtner mag sie schon deshalb nicht, weil er ihre Wurzeln schwer aus der Erde bekommt. Sie lassen sich nicht so leicht aus der Tiefe herausziehen. Und genauso wie beim Giersch reicht ein kleines Stück Wurzel, um sich zu vermehren.

Am Anfang bemerkt man die Winde kaum, da schlängelt sie sich unerkannt zwischen den anderen Pflanzen in die Höhe, klein und unscheinbar. Ihre Schönheit entfaltet sich erst auf den zweiten Blick, man erkennt sie nicht sofort. Die Winde geht ihren Weg, ungeachtet der Widerstände, die sich ihr in den Weg stellen, ungeachtet der bösen Blicke, die sie oft begleiten. Sie schlängelt sich durch das „Gebüsch", findet ihren Weg, mal hier herum, mal dort. Wie es gerade passt. Sie geht nicht immer den direkten, den geraden Weg, sie mogelt sich auch mal irgendwo anders durch, benutzt die Hilfe der anderen Pflanzen. Sie ist eine Pflanze, wie das Schneeglöckchen im Frühjahr: Eine Pflanze, die ans Licht will. Sie sucht es und sie findet es.

Ihr fehlt das Rückgrat, würden viele sagen. Die Zaunwinde braucht die anderen, benutzt die anderen, um nach oben zu kommen, bedient sich Zäunen und anderer Stützen, um ihr Ziel zu erreichen – die Sonne, das Licht. Sie ist voller Elan und Tatendrang, doch sie muss nicht den direkten Weg gehen, sie kann sich schlängeln und winden, ihren Weg auch durch Umwege finden. Gerade das zeichnet die Winde aus: Sie geht ihren Weg, egal, wohin er sie zunächst führen mag, das große Ziel immer vor Augen. Und das kann sie eben nur, weil sie so beweglich ist, kein Rückgrat besitzt, das sie in eine feste Struktur zwängt. Deshalb kann sie andere auch einmal um Hilfe bitten, wenn sie alleine nicht nach oben kommt. Doch diese Beweglichkeit oben besitzt sie nur, weil sie tief mit der Erde verbunden ist, fest mit ihr verankert: Ein Boden, der ihr Halt und Nahrung bietet, damit sie ihren Weg gehen kann. Und sie scheint ihn mit Leichtigkeit und Freude zu gehen, auch wenn ihre Zeitgenossen manchmal unter ihr stöhnen, ihnen ihre Wuchsfreude und Abenteuerlust etwas zu ausgeprägt ist. Die Leichtigkeit erhält sie, weil sie eben nicht mit dem Kopf durch die Wand muss. Sie kann auch woanders her, sie muss nicht unbedingt hier herum, sie kann auch mal ein Stück zurückgehen, einen anderen Weg nehmen als ursprünglich geplant.

Und dann, wenn sie in der zweiten Sommerhälfte, nachdem die Sonne ihren Höchststand erreicht hat, ihrem Ziel nahe kommt, ans Licht gekommen ist, dann entfaltet sich ihre wahre Pracht, dann erscheinen ihre weißen Trichterblüten. Sie leuchten einem schon weit entgegen, gerade in der Dämmerung entfalten sie eine besondere Kraft. Sie bringen dann Licht ins Dunkel. Weiß ist die Farbe der Reinheit, der Klarheit und der

Unschuld. In ihr sind alle anderen Farben vereint, miteinander verbunden. So wie die Zaunwinde Erde und Himmel verbindet, Licht und Schatten.

Die Winde ist eine Pflanze, die dem Betrachter, ihre Schönheit, ihre Einzigartigkeit erst auf den zweiten Blick wirklich zeigt – nämlich dann, wenn sie blüht. Und wenn man noch genauer hinschaut, entdeckt man noch mehr in ihren klaren, weißen Trichterblüten, die wie ein Kelch wirken.

Vielleicht sammelt sie dort das Licht und gibt es an ihre Wurzeln, an die Erde weiter, so dass es letztlich allen dient. Mit ihren Blüten erinnert sie ein bisschen an den Kelch, den Heiligen Gral, den die Menschheit schon sehr lange sucht.

Die Winde hat ihn gefunden, auf ihre ureigene Art: In sich selbst. Obwohl die Winde sehr stark mit dem Licht, mit der Sonne verbunden ist, ist sie doch auch eine weibliche Pflanze, eine Mondpflanze. Sie verbindet auch hier das Männliche und das Weibliche und diese Verbindung macht sie so stark, so kraftvoll. Sie besitzt das Nährende, das Leichte und die Gewitztheit der Weiblichkeit, ungewöhnliche Wege mit Liebe zu gehen. Sie kämpft sich nicht durch, nein, sie schlängelt und windet sich und erreicht so viel leichter ihr Ziel. Heimlich, still und leise!

Das Indische Springkraut

Die eigene Kraft annehmen

 Das Indische Springkraut war eine der ersten Pflanzen, die mir etwas über sich erzählte. Ich hatte einen Hinweis erhalten und sollte mich zu der Brücke am Bach begeben, die ich so gut kannte. Ich sollte mir von dort eine Pflanze mit nach Hause nehmen. Die Stelle kannte ich aber nur von meinen winterlichen Spaziergängen. Im Sommer war ich dort noch nicht gewesen und ich konnte mir auch nicht vorstellen, um welche Pflanze es sich dabei handeln sollte. Außerdem nehme ich auch nicht gerne Pflanzen von irgendwo aus der Natur mit, ich betrachte sie lieber, wenn sie da stehen und erfreue mich an ihnen. Doch als ich in das Tal kam und vom Berg aus schon das Springkraut sah, welches in Massen dort wuchs, wusste ich, um welche Pflanze es sich handelte. Von ihr konnte ich mir ruhig einen Blumenstrauß mitnehmen. Und so stand ich dann mit meinem Blumenstrauß am Brückengeländer und betrachtete den Bach, das Springkraut. Das sind die Momente, in denen man zur Ruhe kommt, völlig mit der Pflanze verbunden ist und ihr lauschen kann. Es sind Momente, die einen mit Ehrfurcht erfüllen und die sich schwer beschreiben lassen. Man weiß: Jetzt ist etwas anders als sonst. Jetzt spricht nicht der eigene Kopf zu einem, das denkt man sich nicht aus!

Bei uns ist es sehr verhasst, dieses Kraut, *Impatiens glandulifera,* das Indische Springkraut, welches sich in Tälern, entlang von Bächen, dort, wo es etwas feuchter ist, ausbreitet. Aber auch an Waldrändern ist es zu finden, denn es stellt keine besonderen Ansprüche an den Boden. Die Tatsache, dass es keine einheimische Pflanze ist – sie wurde Anfang des 19. Jahrhunderts aus dem Himalaja-Gebiet eingeführt – und ihr ungeheurer Ausbreitungsdrang sorgen für ihre Unbeliebtheit. Sie erobert ziemlich schnell große Flächen. Dies tut die Pflanze allerdings nicht mit Rhizomen oder Ausläufern, sondern nur durch ihre Samen. Die Pflanze selbst ist nur einjährig, sie stirbt nach den ersten Frösten ab.

Doch das Springkraut besitzt eine enorme Kraft. Nachdem es im Frühjahr anfänglich etwas dahinkümmert, schießt es nach der Sommersonnenwende so richtig ins Kraut und produziert eine Unmenge von Samen, die dann der Verbreitung dienen. Diese können bis zu sieben Meter weit aus der Frucht herausgeschleudert werden, daher auch der Name. In unseren Wäldern ist eine kleinere, gelbe Variante zuhause, *Impatiens noli-tangere,* das Echte Springkraut, das im Volksmund auch Rühr-mich-nicht-an genannt wird. Die Samen des Springkrauts sind über einige Jahre hinweg keimfähig und können schwimmen, das heißt, sie können sich sehr gut über fließende Gewässer verbreiten. Dies erklärt auch ihr häufiges Vorkommen an Bachläufen.

Eigentlich ist es eine sehr schöne Pflanze, wie sie da steht, mit ihren lila und rosafarbenen Lippenblüten. Sie blüht den ganzen Sommer über und bildet dichte Bestände. Warum ist sie dann so verhasst, dass sie sogar vernichtet wird? Weil sie nicht hierher gehört, weil sie eine Fremde ist in unserer mitteleuropäischen Flora. Sie

verdrängt unsere einheimischen Pflanzen, die an diesen Plätzen wachsen, Kräuter, die nicht eine solch starke Ausbreitungskraft besitzen. Denn dort, wo das Springkraut sich angesiedelt hat, wächst zunächst einmal nichts anderes mehr. Über England gelangte die Pflanze zu uns, und dort entdeckte sie auch der Arzt Edward Bach für seine Bachblüten. Er sah in ihr die Pflanze, die uns Geduld, Sanftmut und Mitgefühl lehrt. Vielleicht gerade, weil sie beide Pole verbindet. Durch ihren unverholzten und massigen Wuchs, das schnelle Wachstum und ihre Samenverbreitung zeigt sie schon einiges an Ungeduld. Sie galt deshalb in der alten astrologischen Kräuterheilkunde auch als Merkurpflanze.

Doch sie zeigt uns auch die andere Seite, vielleicht gerade, weil sie eine so ungeheure Kraft, Ausbreitungskraft hat, kann sie doch im Herbst geduldig absterben und abwarten. Sie kann warten, bis ihre Samen im Früh-

jahr aufgehen. Sie muss nicht selbst, sie kann geschehen lassen, eben geduldig abwarten. Same ist auch immer Wandlung und Weiterentwicklung. Same ist der Fluss des Lebens! Und diesen Fluss, das Wasser, nutzt das Springkraut auf außerordentliche Weise. Vielleicht müssen die Menschen bei uns erst wieder Geduld und Mitgefühl lernen, damit die Pflanze von selbst wieder verschwindet. Lernen, ihre eigene Kraft anzunehmen, die Kraft ihrer Ahnen und nicht die Kraft aus dem Osten, von außen. Das Springkraut hilft uns, unseren Weg zu finden, es unterstützt. Diese Kraft ist nicht schlecht, das Miteinander, die Verbindung ist heute gefragt, doch sie ist nicht unsere Kraft. Diese ist hier, in unseren Wurzeln, in unserem Stückchen Erde. Es ist die Kraft der Großen Göttin, der göttlichen Mutter: Die weibliche Kraft, die Drachenkraft oder die Schlange, die jahrhundertelang unterdrückt und geknechtet wurde. Das Springkraut

Der Sommer – das Indische Springkraut

symbolisiert diese weibliche Kraft wie keine andere Pflanze, was man sehr gut an ihren Blüten erkennen kann. Und das weibliche Prinzip ist auch das Annehmen. Wenn ich meine Kraft annehme, mich so nehme wie ich bin, meine Wurzeln akzeptiere, dann gehe ich auch in die Verantwortung für mein Leben, dann ändert sich etwas. Dann kann ich mein Leben gestalten, dann nähren mich meine Wurzeln, verbinden mich mit der Erde. Dann bin ich Teil des großen Ganzen und doch frei, denn das Leben beutelt mich nicht mehr. Dann bin ich wie ein Baum, der fest in der Erde verwurzelt ist und der gelassen so manchem Sturm und Regen trotzen kann. Wenn wir das verstanden haben, dann bekommen auch unsere Pflanzen wieder mehr Kraft und das Springkraut verschwindet wieder von alleine. Denn es muss

uns nicht mehr auf unsere eigene Kraft aufmerksam machen. Als ich dort stand und lauschte, schloss ich meinen Frieden mit dem Springkraut. Ich merkte, dass ich es nicht bekämpfen muss. Wenn die Zeit reif ist, dann wird es wieder gehen, ganz von alleine. Jetzt kann ich die Schönheit sehen, sooft mir das Springkraut begegnet und es ist eine Freundschaft entstanden, die mir immer wieder hilft auf meinem Weg, die mir immer mal wieder einen Hinweis gibt.

Der Blumenstrauß stand über eine Woche auf meinem Küchentisch und die Blüten, die Pflanze ist nicht verwelkt. Sie hat sogar noch fröhlich ihre Samen über den Küchentisch geschleudert, obwohl man ihr nachsagt, dass sie in der Vase nicht hält, ganz schnell verwelkt, wie Buschwindröschen und Mädesüß.

Die Nachtkerze

Verbindung zwischen Licht und Schatten

Die Nachtkerze, *Oenothera biennis,* ist keine Pflanze, die mir auf Anhieb gefallen hat, und doch gab es sie von Beginn an in meinem Garten. Wir haben sie übernommen wie unser Haus. Ihre leuchtend gelben Blüten sind schwer in eine Pflanzung einzugliedern, und dann sieht sie auch immer etwas struppig aus. Sie gehört auf trockene, sandige Flächen, auf Dämme, an Kiesgruben und Wegränder, wo sie sich ungestört ausbreiten kann. Die verwelkten Blüten, die ständig anfallen, da die einzelne Blüte nicht sehr lange hält, sind keine besondere Zierde für die Pflanze. Doch darin ist sie unermüdlich. Ständig produziert sie neue Blüten, den ganzen Sommer lang, bis zum ersten Frost.

Ihre gelben Blüten öffnen sich erst am Abend. Doch dann strahlt sie! In der Dämmerung beginnen ihre Blüten regelrecht zu leuchten. Dann ist die Nachtkerze eine Pflanze, die auffällt, die mit ihrem Duft und ihrer Leuchtkraft die Blicke auf sich zieht. Stolz und aufrecht steht sie dann da. Sie ist eine mächtige, kraftvolle Pflanze, die bis zu anderthalb Meter hoch werden kann. Und wie alle aufrechten, geraden und kraftvollen Pflanzen verbindet sie. Nicht wie der Fingerhut, Leben und Tod, sondern Licht und Dunkel. Sie blüht in der Dämmerung, in der Nacht und in den frühen Morgenstunden. Sie verbindet das Helle, das Licht mit dem Dunklen. Sie zeigt uns die Licht- und die Schattenseiten. Sie führt uns zu unseren Schatten, zu unseren verborgenen Stellen, die wir nicht gerne zeigen oder die wir verdrängen, weil sie uns unangenehm sind, weil sie schmerzen. Damit macht sie deutlich, dass sie dazugehören, dass ohne die Schatten, die Dunkelheit, das Licht nicht strahlen kann. Am Tag, da fällt die Pflanze nicht auf, da sind die Blüten von der letzten Nacht verwelkt und fast hässlich. Doch wenn die Dämmerung hereinbricht, dann beginnen ihre Blüten wieder zu leuchten, in einem satten und strahlenden Gelb. Gelb ist die Farbe des Lichts, der Sonne. Kleine Kinder malen Sonnenstrahlen immer in leuchtendem Gelb. Und die Sonne steht für das Leben, für Wachstum und Wandel, zumindest in unseren Breiten.

Die Nachtkerze ist auch eine sehr starke Pflanze, mit ihren derben und fleischigen Blättern, ihren kraftvollen Stengeln und ihren fleischigen Wurzeln, die ein gutes und kräftigendes Gemüse abgeben. Sie gibt uns nicht nur auf der körperlichen Ebene Kraft, sie zeigt uns auch unser Licht in unserem Innern, unseren göttlichen Funken. Dieses Licht, das immer strahlt, das alle Schattenseiten erleuchtet und ihnen die Dunkelheit nimmt. In der Chinesischen Medizin ist Gelb auch die Farbe des Sakralchakras, dort, wo das Vertrauen, der göttliche Funke, der Tempel in uns sitzt.

Der Ausbreitungswille der Nachtkerze ist enorm, sie erzeugt reichlich Samen, die sich überall aussäen. Hat man sie einmal im Garten, wird man sie nicht mehr los. Auch im Winter sieht sie recht hübsch aus mit ihren Samenständen, die ein wertvolles Vogelfutter sind. Die Samen enthalten viel Gamma-Linolensäure, auch eine für den Menschen wertvolle Fettsäure.

Die Engelwurz und der Baldrian

Zwei, die sich ergänzen, die zusammengehören

 Die Engelwurz, *Angelica archangelica*, und der Baldrian, *Valeriana officinalis*, sind für mich zwei Pflanzen, die zwar nicht zur selben Familie gehören – der Baldrian hat seine eigene Familie, ist ein Baldriangewächs, *Valerianaceae*, und die Engelwurz gehört zu den Doldenblütlern, den *Umbelliferae* – aber eine enge Verbindung haben, sehr ähnlich sind und sich ergänzen. Vielleicht liegt es daran, dass ich sie zum ersten Mal im Garten meiner Freundin so richtig verstanden habe, ihr Wesen erkannt habe. In ihrem Garten wachsen beide wild durcheinander, dort stehen im Sommer prächtige Engelwurzstauden und luftige Baldrianhaine. Es war noch Frühling, als ich beide Pflanzen zum ersten Mal in Verbindung brachte. Sie waren noch klein, die Pflanzen hatten gerade ihre ersten Blätter geschoben. Ungeübte können sie zu diesem Zeitpunkt noch leicht verwechseln, denn beide Pflanzen haben gefiederte Blätter. Doch die Engelwurz oder Angelika, wie sie auch genannt wird, hat sehr kräftige Blätter, die am Stiel etwas rötlich sind, und sie strahlen eine gewisse Ruhe und Kraft aus. Die Blätter des Baldrians sind etwas kleiner und wirken eher etwas unruhig oder lebhaft, so, als könnten sie es nicht erwarten, endlich loszulegen, endlich loszuwachsen. Von beiden Pflanzen verwendet man die Wurzeln schon sehr lange als Heilmittel. Die Engelwurz dient zur Behandlung von Magen- und Darmbeschwerden, besonders, wenn diese seelische Ursachen haben und durch Stress, Ärger oder Unruhe hervorgerufen werden. *Engelwurz wirkt besonders dann, wenn Völlegefühl und Blähungen im Vordergrund der Beschwerden stehen.*[*]

Baldrian wird seit alters her zur Beruhigung eingesetzt, bei nervösen Reizzuständen, aber auch bei Magen- und Darmbeschwerden, die durch Unruhe hervorgerufen werden, ebenso bei Schlafstörungen und nervösen Herzbeschwerden. Die Einnahme von Baldrian macht dabei allerdings nicht müde, sondern erfrischt, so dass er hervorragend bei Prüfungsangst eingesetzt werden kann. Er hilft das „Brett vor dem Kopf" zu entfernen, so dass man wieder effektiv und in Ruhe nachdenken kann. Er führt in die Mitte, verbindet den Kopf, den Verstand mit dem Gefühl, der Intuition. So ist alles wieder im Einklang, in der Ruhe. Und in der Ruhe liegt die Kraft!

Die Engelwurz ist eine Pflanze, die im Laufe des Sommers zu einer prächtigen Gestalt heranwächst, mit einer beeindruckenden Blüte. Imposant steht sie da, fest verwurzelt mit der Erde. Ihre kräftigen Pfahlwurzeln gehen tief in die Erde und verleihen ihr einen festen Stand. Fast schon starr, etwas unbeweglich wirkt sie in ihrer Gestalt. Sie ist eine Pflanze, an die man sich „anlehnen" kann, die einem Schutz und Kraft gibt, die fest auf dem Boden steht, einem Halt gibt. Sie schenkt dem Menschen Geborgenheit und Entspannung, macht die Aura stark, wie ein zweites Wesen! Deshalb gab man ihr auch den Namen Engelwurz, weil man in früherer Zeit in ihr den Erzengel Raphael sah, den großen Heiler-

---

* Pahlow: Das große Buch der Heilpflanzen

engel. Und in der Tat trägt sie seine Farben, diese hellen, wunderschönen Grüntöne, die man bei uns oft nur im Frühjahr findet, durchzogen mit etwas Gelb. Und so ist auch die Blüte: gelblich-grün. Zu Zeiten der Pest soll der Erzengel, als er sah, wie die Menschen sich nicht zu helfen wussten, den Ärzten die Angelikawurzel offenbart haben. Sie kauten die Wurzeln bei ihren Patientenbesuchen und blieben so weitestgehend von der Pest verschont. Heute weiß man, dass die Pflanze tatsächlich eine immunstärkende Wirkung hat und vorbeugend auch bei Grippe und Erkältung eingesetzt werden kann. Auch bei Cholera und Magen-Darm-Grippe soll die Pflanze Wirkung zeigen.

Der Baldrian ist leichter, luftiger als die Engelwurz. Er ist zwar auch gut mit der Erde verbunden, jedoch ganz anders. Nicht so kraftvoll, seine Wurzeln sind eher zart und fein. Er krallt sich mit einer Vielzahl von kleinen Wurzeln im Boden regelrecht fest. Seine Blütenstände sind wesentlich leichter und beweglicher, knicken bei Wind aber auch leichter um. Er ist mit der Luft verbunden, sein Element ist die Leichtigkeit. Und so sind auch seine Samen, so verbreitet er sich, wie der Wind,

mal hier, mal dort. Hat man ihn einmal im Garten, dann findet man ihn überall, dann breitet er sich an den unmöglichsten Stellen aus. Auch er ist eine Pflanze, die schützt, vor allem unser Gehirn. Seine Wurzeln werden oft mit der Vielzahl unserer Gehirnwindungen verglichen. Und so schützt er unseren Kopf vor Überanstrengung. Menschen, bei denen der Kopf ständig arbeitet, die alles hierhin und dorthin drehen, bringt er die Ruhe, die Leichtigkeit zurück. Den Weg für neue, andere Lösungen. So bringt er wieder Ordnung und Klarheit in unseren Kopf, in unser Leben und auch eine Spur von Gelassenheit, von Sorglosigkeit. Seine Blüten kann man bei Schlafstörungen unter das Kopfkissen legen, das fördert den Schlaf, das Zur-Ruhe-kommen, Den-Kopf-ausschalten, was vielen Menschen nicht gelingt, die an Schlafstörungen leiden.

So sind beide Pflanzen Schutzpflanzen, große Heilpflanzen, die unseren Geist und unseren Körper in Ordnung bringen, die die Seele nähren und in der Kombination ihrer feinstofflichen Qualitäten ein enormes Potential besitzen. Das, was dem einen fehlt, hat der andere. Die Leichtigkeit des Baldrians, kombiniert mit der Erdverbundenheit, der Standfestigkeit der Engelwurz, ergibt ein perfektes Paar. Zwei Pflanzen, die zusammen Himmel und Erde vereinen, die Erde, das Schwere, mit der Luft, der Leichtigkeit. Sie verbinden Himmel und Erde, den Traum vom Himmel auf Erden. Die Angelika ist dabei die Sonnenpflanze, die männliche Pflanze und der Baldrian ist eher mit dem Mond verbunden, also eine weibliche Pflanze. Auch hier gibt es die Verbindung. Erst wenn wir beide Seiten, die männliche und die weibliche Seite, die in jedem Menschen vorhanden ist, ins Gleichgewicht, miteinander in Verbindung gebracht haben, dann sind wir in unserer Mitte, dann finden wir den Frieden in uns selbst. Dann finden wir den Himmel auf Erden.

* Storl: Die Seele der Pflanzen

Der Herbst

und die Zeit der Ernte

Die Fülle des Sommers nimmt mit dem Herbst ihr Ende. Jedoch mit einem krönenden Abschluss, einem Höhepunkt. Es kommt einem so vor, wie bei einem Feuerwerk, als würde die Natur noch einmal auftrumpfen, mit allem was sie zu bieten hat. Zu keiner Zeit ist die Farbenvielfalt so groß wie im Herbst, reifen die Früchte an allen Ecken und Enden. Alles steht in voller Pracht und auch in den Gärten scheint es förmlich überzuquellen.

Der Frühherbst beginnt im phänologischen Kalender mit der Reife der Holunderbeeren, also schon wesentlich früher als mit der Tag- und Nachtgleiche am 21. September. Beginnt dann die Fruchtreife der Stieleiche, färben sich die Blätter von Roßkastanie und Birke, dann befinden wir uns mitten drin im Herbst. Die Sonne wird zusehends schwächer und steht immer tiefer am Horizont. Die Abende werden wieder kühler. Es wird wieder früher dunkel, die Tage sind jetzt schon wesentlich kürzer. Der Herbst beschert uns oft noch schöne, warme Tage, den Goldenen Oktober, wie man im Volksmund sagt. Es sind geschenkte Tage, sagt man hier in Bayern. Tage, die man genießen soll, die man nehmen muss, wie sie kommen. Die Sonne wärmt, man hält sich wieder gerne in ihren Strahlen auf, genießt die letzten warmen Sonnenstunden des Jahres. Auch die Pflanzen scheinen dies zu tun: die Bäume des Waldes, die Äpfel auf den Bäumen. Sind die Tage sonnig und die Nächte kühl, vielleicht schon mit dem ersten Frost, dann färben sich Laub und Äpfel erst so richtig aus. Dann gibt es rote Äpfel und bunte Wälder – die letzten Geschenke der Natur, bevor sich alles zur Ruhe begibt, sich zurückzieht oder stirbt. Keine andere Jahreszeit hat diese Fülle, dieses Reifen und Ernten wie der Herbst. Aber gleichzeitig auch das Sterben, das Vergehen, das Sich-vollkommen-auf-sich-selbst-zurückziehen. *Wenn es kalt wird, gehen die Seelen in die Tiefe**, sagt der Volksmund. Die Pflanzen ziehen sich in die Erde zurück, begeben sich in die Winterruhe oder sterben ab. Aber vorher haben sie noch Samen gebildet, haben dafür gesorgt, dass es weitergeht, dass etwas von ihnen erhalten bleibt. Das Jahresrad neigt sich unweigerlich dem Ende zu, um wieder von vorne beginnen zu können. Alles ist ein Kreislauf, ohne Anfang und ohne Ende. So sahen es unsere Vorfahren, die Kelten. Sie waren viel stärker mit der Natur der Erde verwurzelt, als die Menschen heute. Und für sie war die Natur das Spiegelbild, nach dem sie ihr Leben ausrichteten. In dem sie den Sinn des Lebens, das Leben selbst fanden.

Vielleicht ist gerade deshalb der Herbst für mich eine der schönsten Jahreszeiten. Im Herbst muss man im Augenblick leben, das Jetzt genießen, denn morgen kann es schon ganz anders aussehen. Zu keiner Jahreszeit ist das Licht so schön wie im Herbst, gibt es so beeindruckende Morgenstimmungen, wenn die Sonne aufgeht und gleichzeitig der Nebel aus dem Tal aufsteigt.

---

* Michels: Gärtnern nach den 10 Jahreszeiten der Natur

Es ist aber nicht nur die Jahreszeit, in der geerntet wird und alles zum Abschluss kommt, nein, das Neue, das nächste Jahr wird schon wieder vorbereitet. Mancher Samen kommt jetzt im Herbst schon wieder in die Erde. Viele Zwiebelpflanzen beginnen jetzt nach der Sommerruhe mit dem Wachstum in der Erde, still und verborgen. Es ist, wie Goethe es schon formuliert hat:

Und so lang du das nicht hast,
Dieses: Stirb und Werde!
Bist du nur ein trüber Gast
Auf der dunklen Erde.

Erst wenn das Alte verschwunden ist, losgelassen ist, ist wieder Platz für etwas Neues, kann der neue Samen keimen und aufgehen.

Der Apfel

Der Schlüssel zum Paradies

 Die Geschichte unseres Apfels reicht bis in graue Vorzeiten zurück. Seine Entwicklungsgeschichte datiert man bis in die Kreidezeit, vor 70 Millionen Jahren. In dieser Zeit sollen erste Sektionen der Gattung *Malus* in den tropischen und subtropischen Bergtälern Südostasiens entstanden sein. Dort, wo eine der ersten Hochkulturen der Menschheit zu finden ist: in Mesopotamien. Auch den Garten Eden, das Paradies, vermutet man in dieser Region. Jedenfalls ist hier die Wiege der Gartenkultur, die sich dann über Ägypten nach Europa ausgebreitet hat. Wen wundert es da, dass unser Kulturapfel, der seit jeher mit der Menschheit sehr eng verbunden ist, auch dort seine Wurzeln hat? Heute noch ist der Apfel die am meisten verzehrte Frucht in den gemäßigten Klimazonen.

Die Gattung *Malus* mit ihren etwa 35 Wildarten gehört zur großen Familie der Rosengewächse, zu der auch noch andere Obstarten, wie Birne, Quitte und die Mispel zählen. Die Wildart, auf die unsere Kulturapfelformen zurückzuführen sind, ist *Malus sieversii*. Diese Art findet sich heute noch in den Gebirgshängen oberhalb von Alma Ata, der Stadt des Apfels, in Kasachstan. Daraus entwickelten sich durch Auslese und Züchtung unsere heutigen Kulturformen. Obstbau wurde schon in früher Zeit in Ägypten, Persien und Indien betrieben, und so gelangten die ersten Apfelsorten, wie vieles andere auch, über Griechenland nach Rom. Und die Römer brachten neben den Sorten und dem Wissen über den Anbau auch die Kunst des Veredelns mit über die Alpen.

Bei uns in Europa ist eine andere Wildart, der Holzapfel, *Malus sylvestris,* zu Hause. Obwohl sich sein Verbreitungsgebiet über ganz Europa bis hin zum Ural erstreckt und Funde aus der Jungsteinzeit belegen, dass er damals auch als Nahrungsmittel genutzt wurde, ist er nicht der Vorfahre unserer Kultursorten. Die Römer äußerten sich etwas verächtlich über diesen sauren und harten Apfel der Barbaren. Heute vermutet man, dass auch die Kelten und Germanen schon einige Sorten kannten. Nur gibt es hierüber keine Aufzeichnungen, da vieles mündlich überliefert worden ist. Doch hatte der Apfel schon damals in der Mythologie der Kelten eine große Bedeutung. Das keltische Paradies, war die Insel Avalon, das Apfelland. Es hatte seinen Namen auch deshalb, weil dort so viele Apfelbäume wuchsen. Schon seit alters her ist der Apfel ein Symbol der Erde und der Offenbarung des weiblichen Prinzips.* In fast allen Kulturen wird der Apfel seit Anbeginn der Zeit den Göttinnen der Liebe und der Fruchtbarkeit zugeordnet. Die Babylonier kannten die Göttin Ischtar, die als Apfelträgerin verehrt wurde, die Germanen Idun, und die Griechen Aphrodite. Oft waren es goldene Äpfel, die zu ewiger Jugend und Erkenntnis verhalfen. Erst mit den männlich geprägten Religionen der Neuzeit änderte sich dieses Bild. Aus den kraftvollen

*Laudert: Mythos Baum

Göttinnen wurde die sündige Eva und der Apfel die Verlockung des Bösen.

Dabei ist der Apfel, die Frucht, die die Menschen in unseren Breiten früher über den Winter brachte, der mit seinen Inhaltstoffen ein wertvoller Nahrungsbestandteil war. Was man auch an Aussprüchen erkennt wie: *Jeden Tag einen Apfel und du machst den Doktor arm.* Äpfel halten gesund und sind wertvolle Vitamin- und Mineralstofflieferanten. Leider vertragen heute viele Menschen keine Äpfel mehr oder leiden an Allergien. Auch hier wird wieder dem Apfel etwas in die Schuhe geschoben, was eigentlich gar nicht an ihm liegt. Wendet man sich den alten Sorten zu oder verwendet biologisches Obst, dann treten viele dieser Probleme erst gar nicht auf. Denn sie liegen nicht am Apfel an sich, sondern daran wie wir ihn behandeln,

wie wir damit umgehen. Alte Apfelsorten sind Gold wert, denn diese vertragen anscheinend auch die Allergiker. Es gibt heute Meinungen, die sagen, das Allergen, welches die Probleme bereite, stamme nur aus einer Apfelsorte, nämlich der Sorte 'Golden Delicius'. Der Sorte, die einmal sehr weit verbreitet war, bevor das Apfelsortiment im Supermarkt auf 'Elstar', 'Jonagold' und 'Braeburn' erweitert wurde. Doch der Nachteil an den neuen Apfelzüchtungen ist, dass viele 'Golden Delicious' im Stammbaum haben, weil es sich bei dieser Sorte um einen Massenträger handelt. Und diese Eigenschaft versucht man in der Züchtung natürlich weiterzuvererben. Den alten Apfelsorten fehlt häufig dieses Gen, deshalb scheinen sie bekömmlicher zu sein.

Eine weitere Eigenschaft des Apfels ist es, bei Verletzungen oder Krankheiten Phenole zu bilden. Sie gehören zu den sekundären Pflanzenstoffen und sind praktisch das Pflaster, die Medizin der Pflanze. Sie werden aber nur gebildet, wenn die Pflanze weitestgehend natürlich wachsen darf, die Äpfel also nicht mit Pflanzenschutzmitteln behandelt wurden. Doch nicht nur der Pflanze nützen diese Phenole, auch für den Menschen sind sie lebenswichtig. Denn sie sorgen dafür, dass Krebszellen, die ständig in unserem Körper gebildet werden, auf natürliche Weise unschädlich gemacht werden. Sie gehören zur Gesundheitspolizei in unserem Körper, doch wir müssen sie über die Nahrung aufnehmen.

Der Apfel ist ein Geschenk der Natur, ein Geschenk der Sonne an Mensch und Tier. In ihm sind die Fülle und die Kraft des Sommers gespeichert, die uns über den Winter bringt. Eine Erinnerung an das Paradies, obwohl es mittlerweile Meinungen gibt, die dies anzweifeln: Es könnte sich bei der verbotenen Frucht auch um eine Quitte gehandelt haben. Schaut man sich den Apfel aber einmal an, wie einladend er wirkt, wie gut er schmeckt und welche Anziehungskraft er seit ewigen Zeiten auf den Menschen ausübt, dann

Der Herbst – der Apfel

erscheint es mir nicht besonders klug, so eine Frucht zu wählen, wenn man nichts davon essen soll. So, als würde man einem Kind, eine Tafel Schokolade vor die Nase legen und ihm sagen, „davon gibt es aber nichts!" Nein, der Apfel soll gegessen werden, das war von Anfang an seine Bestimmung. Der Apfelbaum ist ein heiliger Baum, der Baum der Erkenntnis. Und dieser Baum schenkt uns das Wissen um unserer Herkunft, das Wissen um unseren göttlichen Funken, das Wissen, dass wir alle Kinder Gottes sind. Es ist der Baum der Liebe und der Weisheit, weshalb er in allen alten Kulturen so verehrt wurde. Er hilft uns unseren eigenen Weg zu gehen, er führt uns zur Erkenntnis, welches unser Weg ist, unsere eigene Wahrheit.

Der Apfel ist eine Pflanze, eine Frucht, die heilt wie keine andere. Er hilft uns, uns wieder zu finden, zu uns selbst zu finden, bei uns selbst zu bleiben. Er führt uns in die Liebe zu uns selbst, in die Selbstannahme. Und wenn wir das können, uns selber annehmen, mit all unseren „Fehlern", dann können wir auch die anderen so sein lassen, wie sie sind, dann können wir auch sie annehmen. Dann dürfen sie wachsen, wie sie wollen. Dann kann jeder sein Potential, seine Gaben leben. Dann gibt es Frieden, in uns selbst und im Außen, mit anderen Menschen, mit den Tieren, der Natur und Mutter Erde. Dann haben wir das Paradies! Avalon!

Der Apfel hilft uns letztendlich, unser Herz wiederzufinden und damit uns selbst. Haben wir unser Herz wieder entdeckt, dann sind wir mit der unendlichen Kraftquelle der Schöpfung verbunden, dann kann uns nichts mehr etwas anhaben. Dann sind wir geschützt, so wie der Apfel uns schützt vor Krankheiten, uns gesund hält. Dann können wir strahlen, unser Licht wieder leben. Dann sind wir wie die Sonne, eine unerschöpfliche Quelle. Kinder des Lichts! Edward Bach stellte aus dem Apfel eine Bachblüte her, die hilft, sich in seiner Haut wohl zu fühlen. Die inneren Frieden bringt.

Die Buche und das Immergrün

Altes Wissen bringt Vertrauen

Im Herbst war ich wieder einmal bei meinen Eltern im Westerwald zu Besuch. Dort gibt es wesentlich mehr Buchen als bei uns im Bayerischen Wald. Zumindest dort, wo ich jetzt zu Hause bin, ist die Buche nur sehr sporadisch zu finden. Es gibt sie schon, doch immer nur mit wenigen Exemplaren. Man findet nicht diese fast ausschließlich aus hohen, glatten und silbrig schimmernden Buchenstämmen aufgebauten Kathedralen, wie am Hirschenstein oder in meiner alten Heimat. Diese Buchenwälder haben schon etwas Erhabenes und man sagt, sie seien die Vorbilder für die prächtigen gotischen Kirchen gewesen, die man heute noch findet.

Ich war also in der Heimat der Buchenwälder und genoss die Farbenpracht des Herbstes, die nirgendwo sonst so ausgeprägt ist, wie in diesen Wäldern. Bei einem meiner Spaziergänge entdeckte ich auf einer Anhöhe am Waldrand einen einzelnen, prächtigen Baum. Das Wetter war diesig und es begann auch schon zu regnen, doch dieser Baum zog mich magisch an. Er leuchtete in allen Herbstfarben und ich bereute schon, meinen Fotoapparat nicht mitgenommen zu haben. Sollte ich mich jetzt auf den nicht gerade kurzen Anstieg über die Wiese zu dem Baum hochkämpfen oder sollte ich mich angesichts des einsetzenden Regens lieber auf den Weg nach Hause machen? Meine Neugier sollte belohnt werden, denn als ich oben am Waldrand ankam, hatte ich ein herrliches Fleckchen Erde gefunden. Unter einigen sehr stattlichen, alten Holundersträuchern stand das Farnkraut, gespickt

jedoch schon mit Springkraut, welches unten im Tal am Bach häufig zu finden ist. Doch der Frost war ihm schon zu Leibe gerückt, so dass es der Schönheit des Platzes keinen Abbruch tat.

Hinter dem Holunder, genau an der Ecke des Waldes, stand dann mein Prachtexemplar von Baum, eine wunderschöne alte Buche. Alle anderen Bäume des Waldes hielten gebührenden Abstand, so dass die Buche fast frei im Feld stand. Ein atemberaubender Anblick! Nachdem auch ich die Buche erst einmal aus gebührender Entfernung bewundert hatte, trat ich näher und war überrascht, in einem Teppich von Immergrün zu stehen. Unter der Buche war alles grün vor Immergrün – was musste das zur Blüte im Frühjahr für ein Anblick sein! Eine Kombination, die ich so noch nicht gesehen hatte, zumal Immergrün im Westerwald eher selten ist. Es gehört dort nicht zu den Pflanzen, die man in den Wäldern findet. In der Nähe von alten Burgen oder Klöstern ist es ausgewildert, ein Überbleibsel der Römer, sagt man. Vielleicht hatte auch hier jemand am Waldrand seine Gartenabfälle entsorgt und so war das Immergrün zur Buche gekommen. Es war ein beeindruckendes Bild, das mich faszinierte. Ich lehnte mich an den Stamm, genoss den Ausblick über das vor mir liegende Mehrbachtal und machte mir so meine Gedanken über die beiden. Mich wunderte – wo doch der Buche immer nachgesagt wird, sie duldet keinen Bewuchs zu ihren Füßen – dass gerade hier alles dicht bewachsen war. Aber vielleicht lag das am Waldrand, dort kann mehr Licht auf den Boden gelangen. Nur im Frühjahr sind die Buchenwälder ein Blütenmeer, von Buschwindröschen, Leberblümchen oder Schlüsselblumen. Sie lieben den humosen Boden unter den Buchen. Kein anderer Laubbaum liefert solche Mengen guten Humus. Sie nutzen das Licht, das dann noch auf den Boden kommt. Denn wenn die Buchen erst einmal ihr Laub entfaltet haben, dann ist es dunkel auf dem Boden. Die Buche braucht dieses dichte Laubdach, damit sie ihren glatten Stamm vor der Sonne schützen kann. Auch die jungen Buchenkinder würden sonst aufgrund der starken Sonneneinstrahlung im Sommer leiden. Für viele ist die Buche die Mutter des Waldes, denn sie nährt und schenkt Fülle. Früher hat man im Frühjahr das frische Laub gegessen

oder auch die Buchenkeimlinge. Sie wurden als Salatbeigabe genutzt, als Brotbelag oder für Suppen. Später fütterte man nur noch das Vieh damit. Auch die Bucheckern im Herbst sind sehr nahrhaft. Die Ernte ist zwar mühsam, weil die Früchte so klein sind, aber die Arbeit lohnt sich, denn die Bucheckern enthalten bis zu vierzig Prozent Fett. Man presste daraus ein Öl, das der Qualität des Olivenöls sehr nahe kommt. Es hat sogar eine längere Haltbarkeit als jenes, weil es nicht ranzig wird.

Neben den Eichen trieb man im Herbst die Schweine auch in den Buchenwald, um sie zu mästen. Bucheckern kann man auch sehr gut rösten und dann Salaten oder Suppen zugeben. Die Buche war in erster Linie Nahrung, nie so sehr Heilpflanze. Das erkennt man auch an ihrem

Der Herbst – die Buche und das Immergrün

botanischen Namen: *Fagus sylvatica.* „Fagus" stammt von dem griechischen „phegos" ab, was „Essen" bedeutet, und „sylvatica" ist der Wald. So könnte man den Namen der Rotbuche mit „Essen im Wald" übersetzen.

Buchenwälder sind die natürliche Vegetation Mitteleuropas und dementsprechend wurden sie auch genutzt. Ihr Holz ist sehr hart und verbrennt sehr heiß, so dass eine kalihaltige Asche zurückbleibt, die sogenannte Pottasche. Diese war früher nicht nur ein begehrtes Düngemittel, sondern wurde auch zur Glas- und Seifenherstellung verwendet. Auch zum Räuchern von Fleisch und Fisch nahm man wegen des guten Geschmacks gerne Buchenholz.

Außerdem steht die Buche für Wissen, besonders das alte Wissen, das Wissen unserer Vorfahren und Ahnen. Die Runen der Germanen waren aus Buchenholz, die ersten Bücher waren Buchenrinden. Das Wort „Buch" lässt sich demnach auch eindeutig von „Buche" ableiten. Die Buchstaben, die Gutenberg für seine ersten Buchdrucke verwendet haben soll, sollen ebenfalls aus Buchenholz geschnitzt gewesen sein. Buchen und Bücher gehören, zumindest bei uns in Mitteleuropa, zusammen und in den Büchern ist das Wissen, die Weisheit von Generationen festgehalten. Wir brauchen sie zum Lernen, zum Entspannen, zum Träumen. Nirgendwo gibt es eine solche Fülle wie in Büchern und im Buchenwald. So bringt uns die Buche nicht nur das Wissen, sondern auch die Fülle – und das zu einer Zeit, im Frühjahr und im Herbst, wo die Fülle des Sommers entweder noch nicht da oder schon wieder verschwunden ist. Es ist auch nicht nur die Fülle im Materiellen, auch unser Geist, unser Gemüt wird von ihr angesprochen. Buchenwälder bezaubern im Frühjahr und im Herbst. Nichts raschelt so schön, als bei strahlendem Sonnenschein durch den farbenfrohen, herbstlichen Buchenwald zu wandern. Das macht glücklich und froh. Deshalb wundert es auch nicht, das Edward Bach aus den Blüten der Rotbuche die Bachblüte

„Beech" herstellte. Menschen, die sehr kritisch mit sich selbst und anderen und mit nichts zufrieden sind, hilft diese Blüte, zu erkennen, wie schön das Leben ist. Dass in jedem Menschen ein göttlicher Funke wohnt. So führt die *Essenz der Buchenblüte von Kritik zur Akzeptanz, von Vorurteilen zum Mitgefühl, von Abwehr zum Verständnis für die unterschiedlichsten menschlichen Verhaltensweisen. Sie vermittelt das Wissen, dass jeder Mensch im Leben seinen eigenen Weg auf seine eigene Art gehen muss.*[*]

All diese Dinge über die Buche kamen mir in Erinnerung, als ich an ihrem Stamm stand. Für mich war sie ein sehr mütterliches Exemplar und zu ihren Füßen strahlte das Immergrün, das Vertrauen. Die Blaue Blume, die Besondere, welche man finden muss: Vertrauen, Vertrauen in das Leben, Vertrauen in die eigene Kraft. Das, was uns die Mutter schenkt: Selbstvertrauen, dass man beschützt und genährt ist. Dass einem nichts passieren kann. Und so ist das Immergrün eine Pflanze, die mit ihren langen Trieben oder Ranken dieses Vertrauen überall hinbringt. Es kann sich gut ausbreiten, wie die Pflanze selbst. Und doch bedarf es einer Mitte, eines festen Stands: So wie auch der Stamm der Buche, mit kräftigen Wurzeln, damit man in die Welt

---

* *Ursula Stumpf, Pflanzengöttinnen und ihre Heilkräuter*

gehen kann, sich ausbreiten kann. Aus einem zentralen Punkt kommen die neuen Triebe, die dann immer länger werden. Sie ziehen dann irgendwann auch Wurzeln, um sich zu verankern, sich auszubreiten. Aber letztlich ist der Ursprung eine einzige Pflanze, eine einzige Wurzel, die mit allem noch verbunden ist. Aber ihre Kinder haben auch neue Wurzeln, neue Familien gegründet. Es ist wie eine große Familie, die alles beschützt, in der man Geborgenheit und Sicherheit findet. Die „Sippe" längst vergangener Tage.

Der botanische Name des Immergrüns, *Vinca minor*, bedeutet „kleiner Sieger". Manche meinen, es besiege den Winter, indem es mit seinen grünen Blättern und Trieben auch im Winter den Boden bedeckt. Doch es besiegt auch den Zweifel, das ständige Arbeiten mit dem Kopf. Wer vertraut, der muss sich nicht viele Gedanken machen, der wird zur richtigen Zeit wissen, was er tun muss. Er wird in seiner Mitte ruhen, einen kühlen Kopf bewahren und in vielen Situationen der ruhende Pol sein. Für die Kelten war das Immergrün ein Symbol der Treue und der ewigen Liebe, es verband diejenigen Liebenden, die ein Blatt zusammen aßen, auf ewige Zeiten miteinander.

Auch gab man es den Schulkindern am ersten Schultag mit auf den Weg, damit sie etwas lernten. Und in der Tat fördern Immergrünextrakte die Durchblutung des Gehirns und wirken sich positiv auf die Augen und das Gehör aus. Doch ist das Immergrün aufgrund seines Alkaloidgehaltes giftig, sodass von einem Gebrauch abzuraten ist. Das macht es aber interessant für die Krebsforschung. Dort wird Immergrün zur Behandlung von Leukämie eingesetzt, da zwei dieser Alkaloide den abnormalen Aufbau der weißen Blutkörperchen hemmen.*

---

* Ursula Stumpf, *Pflanzengöttinnen und ihre Heilkräuter*

Der Herbst – die Buche und das Immergrün

Nachwort

Pflanzen waren schon immer ein wichtiger Bestandteil meines Lebens, alleine schon durch meinen Beruf. Aber mit den Jahren hat sich meine Sicht auf die Pflanzen gewandelt oder, anders formuliert, ich habe zurückgefunden zu den alten Weisheiten. Zu den Sichtweisen, wie sie den alten Weisen Frauen, den Kräuterkundigen und den Naturvölkern zu eigen sind. Wie diese schon immer den Pflanzen begegnet sind. Man sagt über die Indianer Nordamerikas, dass deren Pflanzenwissen unsere heutigen Kenntnisse bei weitem übersteige. Und auch bei uns wird immer mehr Wissen zutage gefördert, alte Schriften durchstöbert, sich an bedeutende Personen der Pflanzenheilkunde erinnert.

So begleiten mich die Pflanzen schon lange auf meinem Weg, zeigen mir immer wieder neue Erkenntnisse. Es sind häufig dieselben Pflanzen, die einen ansprechen, die einem auffallen. Es ist wie bei den Menschen: Manche mag man, andere nicht. Und so kristallisierten sich im Laufe der Jahre ein Dutzend Pflanzen heraus, die immer an meiner Seite sind, die ständig präsent sind. Es kommen zwar immer wieder andere Pflanzen dazu, offenbaren sich neue Wesen, doch die Grundstruktur bleibt gleich, verändert sich kaum. Es ist wie im Garten: Wenn das Grundgerüst einmal steht dann orientiert sich alles andere daran. Schaut man in die Geschichte, dann wird man feststellen, dass es anderen ähnlich geht. Immer findet man bei Kräuterkundigen bestimmte Vorlieben für bestimmte Pflanzen. Die Kräuter oder Bäume gehören zu ihnen wie bestimmte Menschen. Einzelne Wesen ziehen einen an, andere passen nicht zu einem, entsprechen nicht dem eigenen Charakter. Und so haben die Pflanzen immer mit einem selbst zu tun, mit dem eigenen Weg. In erster Linie findet man sie zunächst einmal für sich selbst, dann erst für andere. Es werden einem selten Pflanzen begegnen, die man selbst nicht braucht, wobei das aber auch Pflanzen für Familienmitglieder oder andere Menschen sein können, denen man hilft, die einem nahestehen.

Die Begegnung mit Pflanzen ist auch immer eine Begegnung mit sich selbst. So sind mir beim Schreiben dieses Buches wieder einmal viele Zusammenhänge erst richtig klar geworden. Haben sich mir viele Sachverhalte gezeigt, die ich so noch nicht gesehen hatte, die mir nicht klar waren. Wieder einmal hat mir das Schreiben geholfen Ordnung zu schaffen, Klarheit zu gewinnen und meinen Weg weiter zu beschreiten, wohin er mich auch führen mag. Eines ist jedoch sicher: Die Pflanzen werden mich mein Leben lang begleiten, wer weiß, welche Pflanzen sich noch zeigen werden, welche Pflanzen noch zu mir sprechen werden. Sie sprechen mit uns allen – wir müssen nur zuhören!

Bildtitel

Literaturverzeichnis

Ayach, Leila Eleisa: Die Erbauer des Goldenen Zeitalters. Smaragd Verlag, Woldert 2013

Griebl, Norbert: Die heiligen Pflanzen unserer Ahnen. Leopold Stocker Verlag, Graz 2012

Laudert, Doris: Mythos Baum. BLV-Verlag, München 1998

Lingg, Adelheid: Das Heilpflanzenjahr. Franckh-Kosmos Verlag, Stuttgart 2010

Michels, Bernhard: Gärtnern nach den 10 Jahreszeiten der Natur. BLV Buchverlag, München 2010

Meyer, Regula: tierisch gut; Tiere als Spiegel der Seele; Die Symbolsprache der Tiere. Arun-Verlag, Uhlstädt-Kirchhasel 2007

Nickig, Marion: Rau, Heide: Der sinnliche Garten. Ellert & Richter Verlag, Hamburg 2000

Pahlow, Manfried: Das große Buch der Heilpflanzen. Gräfe und Unzer Verlag, München, o. J.

Raach, Karl-Heinz: Weißt du, dass die Bäume reden. Verlag Herder, Freiburg 2007

Scheffer, Mechthild; Storl, Wolf-Dieter: Die Seelenpflanzen des Edward Bach. Hugendubel-Verlag, München 2007

Storl, Wolf-Dieter: Pflanzen der Kelten. AT Verlag, Aarau 2000

Storl, Wolf-Dieter: Die Seele der Pflanzen. Franckh-Kosmos Verlag, Stuttgart 2009

Stumpf, Ursula: Pflanzengöttinnen und ihre Heilkräuter. Franckh-Kosmos Verlag, Stuttgart 2010

The Prince of Wales; Juniper, Tony; Skelly, Ian: Harmonie; Eine neue Sicht unserer Welt. Rieman Verlag, München 2010

von Goethe, Johann Wolfgang: Zitat: http://www.gedichte.vu/?selige_sehnsucht.html

Hinweis: Der Inhalt dieses Buches wurde von der Autorin und dem Verlag nach bestem Wissen und Gewissen geprüft, eine Garantie kann jedoch nicht übernommen werden. Die juristische Haftung ist ausgeschlossen.

Danksagung

Bedanken möchte ich mich ganz herzlich bei meiner Freundin Ulrike Kessler, der Besitzerin des *Garten Antana* (www.garten-antana.de) im Westerwald. Hier durfte ich fotografieren und sie war mir immer eine Hilfe, wenn ich eine Pflanze einmal nicht so ganz verstanden hatte.

Ebenso gilt mein Dank, meinem Freund und Nachbarn Franz Höpfl, der sehr viel zur Entstehung dieses Buches beigetragen hat und auf dessen Hof ich immer die passenden Pflanzen und Motive fand.

Und zuletzt danke ich den Pflanzen, dass sie mich an ihren Geheimnissen teilhaben lassen, mich immer wieder daran erinnern, welche Heilkräfte wir doch in der Natur zur Verfügung haben.